日本人の魂の原郷　沖縄久高島

比嘉康雄
Higa Yasuo

a pilot of wisdom

まえがき――古代祭祀が残った島

鹿児島と台湾の間の約一二〇〇キロの大洋上に点々と島々が連なる。その中に、奄美群島、沖縄群島、宮古群島、八重山群島があり、総称して琉球弧ともいう。その島々の祭祀を全体的にみると、豊穣や島人の息災を祈るものから、個々の魂を鎮めるものまで、祭祀の主体は女性である。八重山群島のように、外来の神を取り入れた男性主体の祭祀が並行しておこなわれている例もあるが、古い祭祀が残っている最も典型的な久高島や宮古島狩俣が示すように、祭祀を担う主体は女性（母）であり、島人の守護神は女性、つまり「母神」となっている。これが、琉球弧の祭祀の原形であった。つまり、琉球王朝以前のはるか時代をさかのぼる古代人の心情から発した祭祀の祖型といえるものではないだろうか。

本土の祭祀が多くのところで男性神職者によって担われていることにくらべて、なぜ女性主体の祭祀の形が琉球弧に残ったのであろうか。大洋に散らばる小島群という地理的条件が文化のローラー化の歯止めとなり、つい最近まで古い祭祀を残すことになったということもあろう。

十五世紀後半に琉球弧の島々にその支配力を及ぼした琉球王朝・首里王府にしても、一八七九年の完全崩壊（琉球処分）まで、基本的には、「聞得大君《きこえおおぎみ》」以下、女性神職者による祭祀制度を維持しており、それが琉球弧周辺部に母性原理の祭祀世界を今日まで残す条件の一つになったともいえるだろう。

なかでも本書にとりあげる久高島は、少なくとも私が集中的に通っていた一九八〇年代の中頃までは、守護神である「母たちの神」の祭祀が最もよく継承され、生活の中に息づいていたのである。その祭祀の中で、島の創世、神々の由来などの島の歴史や、あの世とこの世、太陽と月、昼と夜の意味など、島人の宇宙観、それに死生観が表現されていた。

人々は、魂の不滅を信じ、魂の帰る場所、そして再生する場所を海の彼方のニラーハラーに想定し、そこから守護力をもって島の聖域にたちかえる母神の存在に守護をたのんでいる。この「母たちの神」は、〈生む〉〈育てる〉〈守る〉という母性の有り様の中で形成された、つまり、内発的、自然的で、生命に対する慈しみがベースになっている〈やさしい神〉である。この久高島の祭祀世界を深く見ていくなかで、私は、母性原理の神のもつ根本的な意味を考えさせられることになった。

久高島は沖縄本島から比較的近い離島である。今でこそ定期船が就航し便利になったが、戦前は定期船などなく、病気、買物など特別な時に漁師のサバニという刳《く》り船《ぶね》を頼んで行くという状態であった。つまり島の独自性が――島人にとっては不本意であったかもしれないが――

保持されることになった。また久高島は琉球開闢《かいびゃく》の祖神が降り立った島として首里王府から位置づけられ、島人もこれを誇りにした。そのため、とくに近年の皇民化教育の中で母性原理の祭祀世界が近代化をさまたげるものとされたなかにあっても、久高島は自信をもって祭祀をつづけてきたのである。

それに、生業が農業漁業であって、自然を対象にしていたことも重要である。そうして最も大事なことは「母たちの神」を信じてこれを支えた女性たちがいたし、今もいるということである。

このような精神文化の祖型が残ったということはすばらしいことである。この母性原理の文化は、父性原理の文化がとどまることを知らず直進を続けて、破局の危うさを露呈している現代を考える大切な手がかりになるであろう。

いまや残してくれたシマの人々に感謝しなければならない。

久高島地図

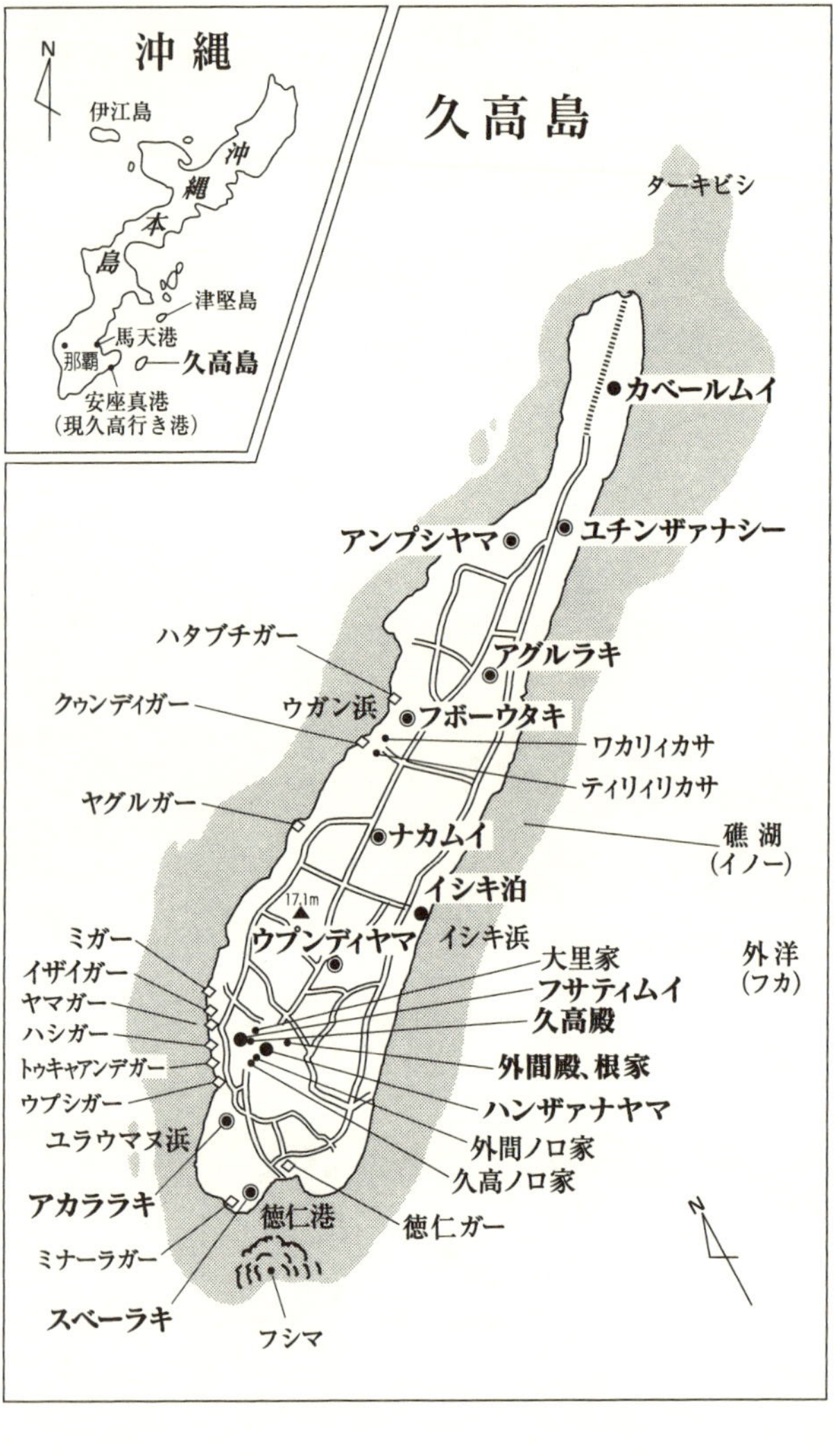

沖縄
N
伊江島
沖縄本島
津堅島
馬天港
那覇
久高島
安座真港
(現久高行き港)
久高島
ターキビシ
カベールムイ
アンプシヤマ
ユチンザァナシー
ハタブチガー
アグルラキ
クゥンディガー
ウガン浜
フボーウタキ
ワカリィカサ
ティリィリカサ
ヤグルガー
ナカムイ
礁湖
(イノー)
イシキ泊
17.1m
ウプンディヤマ
イシキ浜
ミガー
イザイガー
ヤマガー
ハシガー
トゥキャアンデガー
ウプシガー
大里家
フサティムイ
久高殿
外間殿、根家
ハンザァナヤマ
外間ノロ家
久高ノロ家
外洋
(フカ)
ユラウマヌ浜
アカララキ
徳仁港
徳仁ガー
ミナーラガー
スベーラキ
フシマ
N

目次

写真　比嘉康雄
地図制作　C・メッセンジャー

序章――久高島の祭祀世界

クバの木

久高島に渡る

私が最初に久高島《くだかじま》に渡ったのは一九七五年十二月十四日のことで、〈アミドゥシ〉という、男たちの漁労祭祀を見るためであった。その日はどんよりと曇って風も冷たく、船で、波の荒い冬の海を渡ることになった。

私の住む沖縄市から車で一時間ほどのところに佐敷《さしき》町馬天《ばてん》港がある。馬天港からの久高島行きの定期船は今では二十トンほどの鉄船であるが、当時は五トンほどの木造船であった。小さい煙突から黒煙とともにはじけるような音を出す、いわゆるポンポン船である。船の舵もハンドル式ではなく、船尾に付いた舵棒を足で操作するというもので、どこか意志の強そうな五十代の船長は船室の屋根越しに前方を注視し、足で舵を動かしている。

乗客は私以外、シマのおばさんたちで、乗船するとすぐ小さい板間の船室に入り、寝てしまった人もいた。私は船に弱いので、波をかぶらない船尾の船長の横に座り込んだ。船長の足が目の前にある。ズボンをめくった船長のふくらはぎの筋肉が、舵棒を動かすたびにひきしまるのが見えた。

久高島と沖縄本島のあいだには深い溝があり、そこは海流が速く、とくに冬期には波が荒くなるが、そのときも小山のような大波がうねっていた。船が波のあいだに入ると、波頭が頭上に見える。船が沈んでしまうのではないかと船べりにしがみつき、たまらず見上げると、船長は表情一つ変えず平然としている。大きい波をいくつも越え、大ゆれにゆれてやっとの思いで久高島に着いたときは船酔いのふらふら状態であった。渡海は小一時間であったが、時化《しけ》の海をやってきたせいか、なんだか、遠いところにきたという気がした。

シマには潮風に吹きさらされた質素な清潔感があった。宿泊先に、当時三軒あった民宿の中から、宿名が気に入って、港に近いニライ荘を選んだ。「ニライ」には海の彼方の他界という幻想的なイメージがある。当時のニライ荘は平屋で、大きめの玄関がなければ普通の住宅と変わらないたたずまいであった。

自らのよってたつ文化を深く知るには、支配者であった琉球王朝の華美な文化ではなく、離島僻地に今日まで残る、女性たちが担う古い祭祀を見なければならないと、それまで二年ほど、集中的に宮古、八重山の祭祀を見てきた。その延長としての久高島である。久高島では年中祭祀の一年間をひととおり記録しようと計画していた。

今回の渡島目的であったアミドゥシは、連絡船が入港した徳仁《トウクウジン》港でおこなわれた。〈ソールイガナシー〉という男性神職者が祭りをとりしきり、シマの全男性が参加する。

祭祀の内容は、対岸の玉城《たまぐうすく》から久高人の始祖が渡ってきて、宿所を七回かえて魚介類採取生活を始めたという神話にならって、港に七つのヤドゥイというテントをたてる。そして午前中の追い込み漁で得た収穫を、皆で分け合って食べるというものである。

午後二時か、三時になって、〈クニガミ〉という上級女性神職者たちを迎えての大漁祈願もおこなわれたが、幼児から老人まで、シマの男たちはたんたんと祭りに興じていて、アミドゥシには、海辺のピクニックのような楽しい雰囲気があった。

私は祭祀をおこなったソールイガナシーの内間《うちま》末七さんに、一年間の祭祀を記録したいことを話し、さらにやはり神職者の西銘《にしめ》豊吉さんに会って、だいたいの久高島の年中祭祀の日程を聞くことができた。

それによると久高島は年中祭祀の回数も多く、どうやらこれまで見てきた宮古、八重山のように生活の中に祭祀が生きていることが感じられた。いよいよ久高通いを決意し、そのときは二泊ほどして帰ったのである。

語り部との出会い

一回目の島渡りから十日後に、〈フバワク〉という祭祀を見るためにふたたび冬の荒海を渡った。このとき、ニライ荘の女主人の紹介で、久高島の祭祀のことを一番よく知っている人だという西銘シズさんに会えることになった。

西銘シズさんは、最高位の神職者の一人〈外間《フカマ》ノロ〉の補助者的存在、ウメーギである。祭りの前日にお宅をたずね、フバワクのことなどを聞いたはずだが、その後十年以上に及ぶシズさんからの聞き書きの記憶と重なっていて、何を聞いたか、具体的に思い出せない。しかし、フバワク当日の〈フボー御嶽《ウタキ》〉参りの出来事は、シズさんとの出会いの印象として忘れることができない。

フボー御嶽のフボーとはクバ（檳榔樹《びんろうじゅ》）、御嶽とは聖域といった意味である。フバワクは一年のしめくくりの祭祀として、拝所の清掃をおこない、シマのいくつかの御嶽をまわったのち、久高島第一の聖地であるフボー御嶽に行く。そこで、神女《しんじょ》たちの役職の交替や七十歳になった神女の退任式をおこなう。新たな年に備えるという祭祀であり、全神女が参加する。

フボー御嶽に男性は入ってはいけないことをあらかじめ聞かされていたので、私は途中までのつもりで、白衣で行列する神女たちの祭列の後方からついていった。

フボー御嶽の見えるところまできたとき、先頭で祭列をリードしていたシズさんが列を離れ、私のところに急ぎ足で引き返してきた。てっきり注意されるものと思ったら、シズさんは笑顔で「フボー御嶽に入ってもいいよ」という。意外な言葉に少しとまどいながら、「ありがとうございます、邪魔にならないようにしますから」と私は答えた。このときのシズさんの許しは、上位神職者のノロに相談してのものであったのか、それともシズさんの判断でのことかはわからなかったが、ともかく、私も聖地に入れることになったのである。

フボー御嶽《ウタキ》は集落から農道を三キロほど北に行ったところにあった。こんもりとした森になっている。森の中に自然にできた細い道を数十メートル分け入ると、ぽっかりと天がぬけて、丸っこい空き地に突き当たった。ここがフボー御嶽の中心祭場である。人の手になるものは何もなく、クバのほか、マーニ（クロツグ）、アコウ、ツワブキなどの、緑の濃い草木に囲まれている。陽光がスポットライトのように当たったその広場には、母の懐のような安らぎがあふれていた。

その広場の正面に手のひら大の自然石を数個置いたところがある。この御嶽に鎮まる神霊の依代《よりしろ》（神霊が依りつくもの。神霊の代わりとして祀る）であり、イビという。ノロに率いられた神女たちはクバの葉を敷き、丸い空き地をふちどるように座した。

外間ノロがイビに向かい正座合掌し祝詞《ムチメー》を唱えると、全員がこれに合わせ儀式がはじまった。クバをゆする風、小鳥の声とノロの哀願するような声が一つになり、深い木々の中に溶けこんでいく。目に見えない神霊とのひたすらな交感は清らかで美しく、私は場違いな者の後ろめたさを思った。

一時間ほどたったか、儀式が一段落すると、つぎは踊りになった。神女たちはクバの葉を叩きながら歌い、ノロはじめ上位の神女から順にカチャーシー舞いが始まった。これまでの儀式の厳粛さとはうって変わって、笑いながら思い切り陽気に舞っている。最後には私も指名されて踊る羽目になった。

カチャーシー舞いは手を上げてまわっていれば踊りになるという、形式にこだわらない自由な舞いであるが、男子禁制の聖地にただ一人の男が、あまり踊ったことのない舞いを踊る、しかも五十余名の白衣の神女たちに囃《はや》し立てられ、注目されて踊るのである。リズムにのることもできず、カチカチになって、手を上げてまわるだけであった。

あとから考えると、フボー御嶽入域の許しは、シズさんの私に対する精一杯の厚意であったように思われた。このとき示してくれた厚意がなかったら、その後シズさんが亡くなるまでつづいた交誼《こうぎ》はなかったろう。集中した久高通いもなかったであろう。このことを考えると、シズさんとの出会いは神意によるめぐり合わせであったと思えてくる。

そのときから久高島の祭祀に魅せられて、一九八三年頃までは祭祀に合わせて、百回以上もシマを訪ねた。だいたい、祭祀の前日に渡島して、シズさんを訪ねる。おこなわれる祭祀の内容、プロセスをうかがう。そして祭祀を見学すると、その夜にはシズさんが宿を訪ねてくれるという行き交いであった。

シズさんとの会話は、初めの頃は祭祀の話が中心で、いわゆる聞き書きという感じであったが、だんだん回を重ねていくうちにうちとけて、調査のためというより、シマの人同士がそのときどきのことや思いついたことを自由に話すというような普通の会話になっていった。そこ

フボー御嶽の中の拝所での祈願。中央後ろ向きが外間ノロ、
その左側が外間ノロ側、同右側が久高ノロ側の神女たち
(〈フバワク〉1975)

で私は、いろいろと話が弾む中で重要と思われるところは念を押して、話を深めていくように心がけた。

宿にくるのは夕食後八時頃、帰りは宿の柱時計が午前零時を告げるまでというのが、シズさんが決めた変わらないスケジュールであった。約四時間、シズさんはいきいきと楽しげに話をし、帰る間際になると、だいすきな奄美民謡を歌ってしめくくる。シズさんにとって楽しいひとときであったと思われるし、私もシズさんと話すたびに新しい発見をするので、帰ってからも久高島のことで頭がいっぱいになり、生活のリズムを取り戻すのに数日かかるありさまであった。

シズさんはそれまで多くの調査研究者、訪問者に対してよき語り部の役を果たしていた。私が訪ねるようになったのはすでにシズさんの晩年であり、一九八九年に亡くなるまでの十余年の交流であったが、祭祀のことはもちろん、シマの生活全体について十分に話をうかがうことができた。本書では、シズさんの話に、実際に私が見て記録してきたものを重ねて、久高島の精神世界を紹介するつもりである。

完結した島宇宙

南西諸島と呼ばれる地域は、鹿児島と台湾のあいだ、約一二〇〇キロの大洋に、飛び石のように点々と連なる大小の島々から成っている。その中で、琉球弧といわれる地域は、本島と呼ばれる比較的大きい島を中心にして、四つの群に分けられる。北側の鹿児島寄りに奄美の島々（現在は鹿児島県）、その南方約一三〇キロほどのところに沖縄本島と島々、そうして沖縄の島々の南方約三〇〇キロに、先島《さきしま》と呼ばれる宮古、八重山の島々がある。宮古と八重山は約一三〇キロ離れている。台湾は八重山から百数十キロのところにある。

気候は亜熱帯で、真冬でも一〇度以下になることはあまりない。

琉球弧の中で一番大きいのは沖縄本島で、この島に、それまで各地に割拠《かっきょ》していた按司《アジ》（豪族）を統一し、琉球王朝が誕生したのは十五世紀のことである。そうして奄美、宮古、八重山の島々をその支配の中に組み込み、一六〇九年、薩摩の侵略を受けるまで独立王朝を維持していた。つまり奄美以南に連なる島々が、ほぼ真ん中にある島に発生した権力に束ねられたのである。

薩摩は琉球弧にその権力支配の手を伸ばしはしたが、琉球の中国貿易の利を得るため、中国に対しては独立王国をよそおわせた。しかし、王制を容認しながら内政に深く干渉した。琉球王朝は実質的な主体性を失ったまま存続していたのだが、一八七九年の廃藩置県（「琉球処分」といわれる）のとき、完全に崩壊した。このとき、奄美の与論島以北は鹿児島県に組み込まれ、沖縄、宮古、八重山は沖縄県となった。日本語が標準語になり、皇民化教育がおこなわれた。

そうして、第二次世界大戦に遭遇し、アメリカ軍の上陸で二十万人余の人命が失われ、とくに、主戦場になった沖縄本島は壊滅的被害を受けた。（実はこのとき久高島も、アメリカ軍の上陸や艦砲射撃によって、長い歴史が刻まれた集落の住居がほとんど壊されてしまっている）アメリカ軍はそのまま居すわり、沖縄を軍事支配下に置いた。しかし、教育に関しては日本語教育がつづけられた。その後、一九七二年、沖縄は本土復帰を果たしてふたたび沖縄県となり、今日に至っている。なお奄美は、沖縄よりだいぶ早く、一九五三年にアメリカの占領から解放され、鹿児島県にふたたび組み込まれた。

一般に、大陸に比べて島嶼《とうしょ》は海によってへだてられているため、侵略などの外圧を受けることはおそかったといえる。琉球王朝も、直接の侵攻を受けるのは十七世紀の初頭であったし、久高島から見れば、沖縄本島で発生した権力の支配下に組み入れられるのは十五世紀後半であり、その支配の実態も、軍隊などの強権力による弾圧というものではなかった。琉球王朝の祭政一致政策によるノロ制度の施行といったかたちであったのである。

ノロ制度施行というのは、シマレベル（クニレベルともいう。シマはクニという意識である）の最高神職者〈ノロ〉を決めるのに、シマ人が推挙した者を琉球王朝・首里《しゅり》王府が任命するという形でおこなわれた。それまでシマでおこなわれていた血族ごとの祭祀やその神職者を整理して組織をととのえるといったものであり、シマ人のあいだに自然に生まれていた神々や世界観を変更することなく、そういう意味で、ゆるやかな支配といってよかった。

そのため、久高島の人々の精神的自立性や生活の自立は保たれ、つまりシマが完結した世界であるという意識は失われることはなかったのである。

シマの暮らし

久高島は、沖縄本島南部地域の知念《ちねん》半島から東方約六キロ、太平洋上にある。知念半島側から見ると、南北に細長く、海面にベタッと張り付いたような、隆起サンゴ礁の小島である。周囲約八キロ、まったく平らで、最高標高でもわずか一七・一メートルである。大型台風のとき、波がシマを越していったという話もある。

土質は島尻《しまじり》マージという赤土で、土層が浅く、保水力もない。畑地には石灰岩が露出し、農耕に適していない。また沼も川もない。水は雨水をサンゴ石灰岩が吸収し、それが岩のあいだからしみ出る程度である。

集落はシマの南端にある。戸数百戸余、人口四三三人（一九七四年の統計。ちなみに、一九九九年末の統計で二五五人）のシマには、台風にも落葉しない常緑のフクギの古木の屋敷林と、石灰岩の野積みの石垣が今日でも多く残っている。

集落の北端に血族の始祖となった家々がある。ここからシマの北端をめざして歩くと、わず

かの畑と、アダン、モンパノキ、ハマビワ、クサトベラ、オキナワシャリンバイ、クロツグ、アコウ、ガジュマル、ツワブキ、ホソバワダシなどの草木が植生している小さな森が点在している。昔は島全体にクバが生え、久高島も「フボージマ」（フボーはクバの転訛）と呼ばれていた時代があった。

シマの東側の北から南へ、イノー（礁湖）と呼ばれるサンゴ礁の遠浅の海が広がっている。その広さはほぼ島の陸地に匹敵する。このイノーは、潮がひくと干瀬《ピシ》の縁まで二、三百メートルも歩けるようになる。ここのキラキラ光る浅瀬の海には小魚が泳ぎ、岩の間ではタコ、ハタ、ブダイ、シャコ貝、サザエなどがどっさり採れた。

六カ所の貝塚の中で本格的な発掘調査がおこなわれたシマシャーマ貝塚によれば、久高島には二千年以上も前から人が居住していたことがわかった。煮沸用容器や大量の各種魚骨、貝類、およびそれらの加工品が出土していて、この貝塚は漁労遺跡であり、久高島の先住者の生活は魚介類採取から始まったと推測される。

このシマで人々はどんな暮らしをしていたのだろうか。生活の痕跡として残る水場、食場《じきば》、休み場（寝所）、それに死者の葬り場はどうなっているだろうか。

〈水場〉――久高島の水場である井泉《カー》

シマの暮らしを支えたイノー（礁湖）

は、人々の住む場所が移動するにつれて、島の北側から南側へとつくられていった。
井泉の形は岩のあいだから湧き出る水を溜め池にためるというもので、いずれも場所は岩石が露出し絶壁状になった地形の西海岸沿いに九カ所、そのほかに二カ所あった。
〈食場〉——食場は、食糧を採るところ、食べるところである。採るところはもちろんイノーであり、食べるところは貝塚の周辺であったろう。
〈休み場〉——休み場は、寝所、またはくつろぐ場所である。自然の場所としては洞窟や大きな岩蔭などが考えられようが、久高島にはそのような適当な自然物はない。すると、考えられるのは、シマ全体にあったクバの森の中である。

クバは三、四メートルの幹の先端に扇のような、陽をさえぎる大きな葉をつける。そのためクバ林にはシダ類、ツワブキ、ホソバワダシなどが下生えとして生えているだけで、その内側に容易に入ることができる。風通しもよく、快適な空間である。クバの葉を利用すれば、雨露をさける小屋を作ることができるし、食器、柄杓《ひしゃく》、腰ミノのような身にまとう衣類的なものも作ることができる。若い茎は食用にもなる。となれば、クバの森が居心地のよい〈休み場〉であったことは容易に想像できよう。

実際にそのような休み場はどこであったかというと、現在御嶽《ウタキ》と呼ばれている聖域がそれであったと考えられる。久高島にはこのような聖域が十二カ所あり、中でも、水場、葬り場も周辺に備えたフボー御嶽がその休み場のイメージに合う。近くに貝塚遺跡もある。

〈葬り場〉――久高島では近年まで風葬がおこなわれていた。死者を放置し、自然の風化にゆだねる葬法である。場所は、水場と同じ、西海岸沿いの岩石の蔭などにある。四カ所が、古い順に、北から南へとつくられた。一番古いところはフボー御嶽の近くにあるウティキン（放置するほどの意）で、そこには今でも遺骨が岩蔭に残っている。

母系のつながり

では、人々の結びつきはどうなっていたのだろうか。

イノーで魚介類を採るのにはたいした道具は必要とせず、老若男女、だれでもできる。男性の腕力もとくにいらず、むしろ女性の方がよい。つまり、イノーの魚介類を採って暮らしている時代では、採取する力に男女差はなかった。またそれほど保存のきかない魚介類では、食糧を集めることで人を束ねる力は生じない。これに対して、子供を産む能力を備えた女性は、授乳を通して愛情が生じる。これは産む者と生まれた者のあいだを結びつける力であり、この絆が人をまとめる力になった。つまり、母親を中心とする社会ができていったと考えられる。

このときの親子のつながりに「男親」は含まれない。当時、子供が男女の交合によって生まれることが知られていたとしても、男性には我が子に対する確信はなかった。この母親を中心とするグループは、クバの森の中で生活を共にしていたと思われる。クバの森の聖地は母霊の鎮まるところで男性は入れないという考えは、この魚介類採取時代の社会のあり方を示していると考えられる。

久高島で麦、粟、豆などの穀物の栽培がいつから始まったか、よくわからない。沖縄全体では、千年ほど前から穀類栽培がおこなわれていたことになっているが、久高島には稲を除いた穀物が伝来した神話が語り継がれているので、あるいはもっと早い時期から農耕がおこなわれていたのかもしれない。農耕が始まれば、それまでの母親を中心とする社会形態から、男も含める、つまり男女一対を単位とする現在のような社会が形成されていったはずである。

現集落は、農耕時代以後できたものである。シマの北辺にいた人々が徐々に南下し、血族による家群をなしていった。魚介類採取時代から農耕社会、そうして現在まで、自然に形成された集落は途切れることなくつづいている。しかも外圧によってゆがめられることもなく、農耕時代以後にはよそからの入島もあったが、ほとんどは同一民族であると考えられる。そうして、この民族の歴史を、シマ人たちは、近代のように固定された記録として伝えるのでなく、血族の祖霊たちの存在を皮膚感覚で感じとり、祖先との一体性を実感する中で継承してきた。

たとえば、祭祀の中に再現される久高島の神話は、始祖家の来歴に結びついている。神話に登場する神々は各始祖家の祖神として祀られているのである。神々は神職者に憑依《ひょうい》して直接この世に顕《あらわ》れ、神話を再現することになる。このとき、神話が現在に蘇り、これを担う者、見る者は、神話を過去の出来事としてではなく、今おこっているような出来事として感じている。つまり、久高島の神話は額縁に納まらず、久高人の精神の中に生きているのである。

創世の神話

では、久高人の精神のよりどころである島の創世神話とはどのようなものであったろうか。

〈島創り神話〉――

「昔、アマミヤ（女神）とシラミキヨ（男神）が東方の海の彼方（ニラーハラー）から久高島にきた。ところが久高島は東の波は西に越え、西の波は東に越え、海水の中にたゆたい、まだ島の形はなかった。そこでアマミヤが持参のシマグシナーと称する棒を立て、神に頼んで天から土、石、草、木を降ろしてもらった。それで久高島ができた」

島創りの棒を立てる場面は祭祀で再現され、異説はないが、出発地が天という説、立ち寄り先がシマの北端のカベールであるとか、イシキ浜《バマ》であるとか、シラミキヨは船で待っていて上陸していない説などがあって錯綜している。

なお、アマミヤが島創りをしたという六尺棒はこの神話を担う始祖家の一つ、イチャリグヮ家に祀られており、またその棒を立てたという石がイチャリグヮ家後方にあるウッチ家の敷地内にある。

この島創りのいきさつは、旧暦の四月と九月、あの世から神々がシマを来訪する祭祀〈ハンザァナシー〉の中で再現される。

〈人創り神話〉――

「昔、久高島の対岸にある百名《ひゃくな》からシラタル（兄）、ファガナシー（妹）が船で久高島に渡ってきた。最初は島の南端（徳仁港）で、寝る場所を七回かえながら魚介類を採って暮らしていた。その後、島の東海岸沿いのアグルラキ（御嶽《ウタキ》の一つになった）に移り住み、最後は始祖家の一つ、タルガナー家に落ち着いた。そうして二人は鳥の交尾を見て夫婦になり、子供を産んだ。この子供たちが久高人の始祖である」

最初に生活した海岸に兄妹が使った水場の徳仁ガーと洞穴《ガマ》の中にカマドの跡がある。また、この最初の場所で七回寝場所をかえたことが祭祀アミドゥシの中で再現されている。

この神話も祭祀ハンザァナシーで、妹神ファガナシーが神職者に憑依して顕れ、久高島渡島の話を語ることになる。

〈穀物伝来神話〉——

「昔、大里家《ウプラトゥ》にシマリバー（女）とアカツミー（男）が住んでいた。ある日、アカツミーがイシキ浜で漁をしていたところ沖の方から白い壺が流れてきた。アカツミーは壺を拾おうとするが沖に戻されてなかなか取れない。そこでアカツミーは一応帰り、そのことをシマリバーに話した。シマリバーは、まずヤグルガー（井泉）で身を潔《きよ》めて白い着物を着て挑めば取れると教えてくれた。アカツミーはその教えどおりにしてふたたびイシキ浜に行った。さきほどまでどうしても取れなかった白い壺が、ふしぎなことに難なくアカツミーの白衣の袖に入った。その白い壺には麦、粟、アラカ、小豆の種が入っていた。麦と粟はハタスというところに植え、壺はそこに埋めた。麦、粟はここからシマ中、クニ中にひろめられた」

この神話を持つ大里家は「五穀《グウクウクウ》世大里《ユーウプラトゥ》」「種《サニ》世《ユー》大里」と呼ばれている。旧暦二月と十二月におこなわれる〈ウプヌシガナシー〉という祭祀のときに、アカツミーとシマリバーの神霊を引き受ける神職者に憑依して神話が再現される。

女は神人《カミンチュ》、男は海人《ウミンチュ》

久高島では子供が生まれると、シマレベルの祭祀場である〈外間殿《フカマトゥン》〉で、〈根神《ニーガン》〉という神職者による〈名付《ナーリイキ》〉がおこなわれる。この名付のときの願い詞《ことば》に「あまりえらくなってはいけない、普通であってほしい」というのがある。これを根神がシマの言葉で唱える。

現代人の発想ではとうてい考えられないことかもしれないが、しかしこの願い詞は、絶海の小島の、のっぴきならない状況で、長い、長いなりわいの中から生まれた、重いものである。久高島では生きていくための形が決まっていて、生まれた子供はその生活の形、価値観にそって成長すればよく、はみ出したら不幸になると考えられていた。すなわち、男の一生、女の一生が生まれたときから決まっていた。女は神人《カミンチュ》、男は海人《ウミンチュ》である。

〈男の一生〉——

男の新生児は祖父の名が付けられ、生まれたときから祖先とのつながりが意識づけられる。近代になってこの祖父名は戸籍上の名前と区別されているが、久高島では最近まで祖父名である童名《ワラビナー》で呼ばれるケースが多かった。

生後三カ月くらいになると、海人として立派に成長することを願って船漕ぎの儀式がおこなわれる。実際にサバニに赤ちゃんを乗せ、櫂を漕ぐ真似をさせる。サバニとは、沖縄独特の伝統的な丸木の刳《く》り船である。かぞえで十三歳になると、海の神を司る神職者のソールイガナシーの指導で、漁労の実地訓練を受ける。このときからふんどし《サナジ》の着用をはじめる。

十五歳になると「ンナグナー」と呼ばれる。ンナグは貝の意で、昔、首里王府に納める魚介類の生贄《いけす》を管理させていたことからの呼称である。この十五歳は成人にあたる「正人《シヨウニン》」になるための準備期で、漁労をはじめ年中行事にかり出され、訓練を受けることになる。十六歳になった正月に、外間殿《フカマトウン》において根神《ニーガン》とノロに盃を捧げ、一人前の久高島の男・正人として承認される。正人になると、祭祀の際の神々に供える飲食物、神饌《しんせん》の供出が義務づけられ、今でこそ中高校生であるが、昔は一人前の海人として活躍し、首里王府時代には中国との貿易船に水夫《かこ》として乗り込んだ。

正人は十六歳から七十歳までの男である。年齢によってそれぞれ、

十六歳〜二十歳　　シマリーター
二十一歳〜五十歳　ウプグローター
五十一歳〜七十歳　大主《ウプシュ》

と称される。シマリーとはシマの働き手ほどの意、ウプグローターはお父さんたちほどの意で、

だいたい一家を構えている。十六歳から五十歳の男たちが海人の現役である。なお、ターは「たち」の意である。

五十歳頃になると現役を引退し、祭祀の雑役をする村頭《ムラガシラ》に就任する。ここではじめて久高の男はノロの祭祀を見ることになる。また、五十一歳の旧暦八月十二日に〈根人《ニーチュ》〉という神職者がとりおこなう祭祀に参加し、「大主」として承認され、ノロがおこなう祭祀にもオブザーバーとして参列する。六十代になると、ソールイガナシーに就任する。そうして七十歳になると、一家のこともシマのことも息子や孫たちにまかせ、正人を引退する。

サバニが並ぶ当時の徳仁港

〈女の一生〉——

女児は生後、旧暦の三月、六月、八月におこなわれるフボー御嶽《ウタキ》参りのときのいずれかに、母親が抱いて参列する。

これは将来、神女になる願いがこめられている。

また、旧暦八月十一日には、十五歳以下の娘たち全員のフボー御嶽《ウタキ》参りがおこなわれていた。娘たちは、ノロや神女たちの円陣の中に入れられ、神歌で祝福された。女は七歳から神が憑依すると考えられていて、以前は幼年の神女がいたという話もある。

女は十一歳の旧暦六月二十四日におこなわれる健康願いの祭祀のときから腰巻《メーチャー》を付けた。女は男のように、十六歳で正人になるといった節目はない。しかし、女も十六歳から結婚できる一人前の女性と考えられていたと思われる。十六歳から神女就任儀式である〈イザイホー〉に該当する年齢までとくに祭祀に参加することはないが、この年齢層で結婚し子供を産み、これから神女になったときに守護する家族を作ることになる。

イザイホーは十二年ごとの午《うま》年におこなわれ、そのとき三十歳から四十一歳の女性がイザイホーを経て神女になり、家族の守護を担い、やがてノロの祭祀に参列することになる。そして七十歳になると、フボー御嶽でノロや後輩神女たちに祝福されて引退する式（フバワクの中の退《テ》任式《ーヤク》）をおこなう。

三十歳で神女になった人は四十年間、神女をつとめることになる。引退後は、大きい祭祀になると、祭場の隅で後輩たちを見守っている。なお、家の祭祀はひきつづきとりおこなう。

このように、久高島の女と男の一生は、それぞれコースが決まっていた。久高島では基本的に女は守護する者、男は守護される者ということである。結婚を通して結ばれた一対の女と男であれば、女は神女になり、一生、夫や子供たちの守護者として生きる。一方、男は、十六歳から七十歳まで、妻や母たちがおこなっている祭祀を経済的に助ける。こんな夫を、守護者である妻は頼れる存在として「フサティ」(腰当の意)と呼ぶ。

戦前まで、働き盛りの男たちは、北は奄美、南は宮古、八重山、台湾、さらに南洋まで出漁し、半年以上島を留守にするのが常であった。男たちが出漁中、女たちは農業をし、子供を育て、祭祀をおこない、出漁中の男たちの安全と大漁を祈り、ひたすら男たちの帰りを待って暮らしていたのである。

島には「旅するあいだは皆の夫だけど、浜で釣りをするようになると私の夫だよ」という歌がある。出漁中は旅妻があってもかまわないが、現役を退き、浜で釣りをするようになったら私一人の夫である、というのである。この歌は長期間出漁する男たちの立場を考え、じっと島でその帰りを待つ女たちの悟りともあきらめともつかない心境を歌ったものである。これはまた、守護者という高い次元にある久高の女性だからこそ悟れる心境でもあるといえるのではないだろうか。

なお、久高の女性が、夫と旅妻とのあいだにできた子供を我が子同様に育てたケースは多い。

ちなみに、そのような子供を「グゥンボー」（意味不詳）といっている。

一年の時を刻む祭り

シマの暮らしの中で、五百年ほど前にノロ制度が導入されるまでは、血族レベルの祭祀がおこなわれ、その内容はおもに健康と悪霊祓いに関するものであった。以後、シマレベルの祭祀として生産に関するものが加えられたといってよい。

健康と幸運を祈り、豊穣を祈り、創世の神々をシマに迎えて、久高島ではさまざまな祭祀がノロを頂点とする神職者たちによっておこなわれてきた。しかし、これらの祭祀は担う者の信仰心がたいせつである。したがって、信仰心が篤い神職者が失われたり、始祖の家に子孫が絶えてしまえばその存続は不可能にならざるを得ない。

つぎに、一年間におこなわれる祭祀を掲げるが、中に、十二年ごとの祭祀イザイホーや、月ごと、あるいは必要に応じておこなわれている家レベルの祭祀（主に健康願い）は含まれていない。

いずれにしても、久高島には豊富な祭祀の形態、内容があったのである。

久高島年中行事　（旧暦による。ミンニーとは壬・癸）

祭祀名	祭日	祭場	司祭者	参加者	祈願内容
正　　月	1、2、3日	外間殿	外間ノロ 根神	男正人以上 女雑事役以上	健康祈願
ピーマッティ	1月吉日	各ムトゥ	クニガミ	成女以上	火の祭
ソージマッティ	1月中旬 ミンニー	外間殿 久高殿	クニガミ	タムトゥ以上	麦の穂祭
ヒータチ	1月か2月 ミンニー	フボー御嶽 カベール	ソールイガナシー	雑事役以上	大漁祈願
ウプヌシガナシー	2月中旬 ミンニー	各ムトゥ イシキ浜	ニライウプヌシ	雑事役以上 村頭・大主	健康祈願
三月綱	3月3日	徳仁港	ソールイガナシー	13～15歳少年・大主・ソールイガナシー	漁労訓練
竜宮マッティ	3月3日	ユラウマヌ浜	ティンユタ	遭難者の家族	魂鎮め
マッティ	3月中旬 ミンニー	外間殿 久高殿	クニガミ	タムトゥ以上	麦の収穫祭
ハマシーグ	3月29日	フボー御嶽・ユラウマヌ浜	クニガミ	男神・クニガミ・村頭 村人	害虫祓い
ハンザァナシー	4月中旬 ミンニー	外間殿 村の中	アガリウプヌシ	雑事役以上 スバウサギャー	祓い潔め
ソージマッティ	5月中旬 ミンニー	外間殿 久高殿	クニガミ	タムトゥ以上	粟の穂祭
キスクマーイ	6月1日	村の中	ソールイガナシー	村人全員	キスク漁

マッティ	6月中旬 ミンニー	外間殿 久高殿	クニガミ	タムトゥ以上	粟の収穫祭
ミルクゥグヮティ	6月16日	三ムトゥ	クニガミ	クニガミ・居神・ウンサクー	太陽の祭
ウプマーミキ	7月中旬 ミンニー	外間殿 久高殿	ソールイガナシー	タムトゥ以上	大漁祈願
七月綱	上祭祀後 ミンニー	ターキビシ	ソールイガナシー	タムトゥ以上	大漁祈願
ヤーシーグ	7月29日	フボー御嶽・各家	クニガミ ヤジク	クニガミ	害虫祓い
カシキー	8月9日	各家	ヤジク		豊作祈願
ハティグヮティ	8月10日	外間殿 久高殿	ソールイガナシー	タムトゥ以上	お祓い 健康祈願
ヨーカビー	8月11日	フボー御嶽	クニガミ	女全員	御嶽参り お祓い
テーラガーミ	8月12日	ユラウマヌ浜 久高殿	根人	男神 大主	お祓い
十五夜	8月15日	外間殿	クニガミ	クニガミ・居神・村人	月の祭 健康祈願
ハンザァナシー	9月中旬 ミンニー	外間殿 村の中	アガリウプヌシ	雑事役以上	祓い潔め
マーミキグヮ	10月中旬 ミンニー	外間殿 久高殿	ソールイガナシー	タムトゥ以上	大漁祈願
アミドゥシ	11月13日	徳仁港	ソールイガナシー	男全員	大漁祈願
フバワク	11月中旬 ミンニー	各御嶽	クニガミ	成女以上	お祓い 健康祈願
ピーマッティ	12月吉日	各ムトゥ	クニガミ	成女以上	火の祭の結び
ウプヌシガナシー	12月 ミンニー	各ムトゥ イシキ浜	ニライウプヌシ	雑事役以上	健康祈願の結び

第一章――魂の発見

古グゥソー（風葬地跡）

葬送歌の意味

一九七五年から久高通いをはじめて初期の頃に、久高人の始祖神ファガナシーの神職者（ファガナシーの神霊をひきうける者の意）が亡くなり、その葬儀に立ち会ったことがあった。

その日は、どんよりと曇った冬日であった。葬家の前広場に、ノロをはじめ久高島の全神女五十名が白装束を身につけ、左耳にはイザイ花《バナ》と呼ばれる造花の白い花を挿《さ》していならんでいた。神女たちはこうべをたれ、座敷に横たわる亡骸《なきがら》に対して、葬送歌を歌った。哀調ある歌に神女たちの涙声が混じり、いっそう悲しく聞こえた。

その葬送歌の内容は左のとおりである。

一、トゥシアマイ、ナイビタン　（年が余りました）
二、ティラバンタ、ウシュキティ　（ティラバンタにきました）
三、シッチ、ハタバルヤ　（干潟は）
四、ナミヌシュル、タチュル　（波が立つ）
五、ナミヤ、ハタバルヤ　（波の干潟は）
六、ヒブイ、タチュサ　（煙が立つ）

七、ニルヤリューチュ、ウシュキティ　（ニルヤリューチュにきて）
八、ハナヤリューチュ、ウシュキティ　（ハナヤリューチュにきて）
九、フガニジャク、ハミヤビラ　（金盃をいただこう）
十、ナンジャジャク、ティリヤビラ　（銀盃をいただこう）

この葬送歌で、一〜二節の、「年が余りました。ティラバンタにきました」の意味は、「寿命になり葬所にきました」である。ところが三〜六節が何を表現しているか、よくわからない。そこで西銘シズさんに聞いてみたところ、三〜五節は死者の肉体が腐乱して溶けていくさまを、ユタユタと立つ干潟の小波にたとえて歌ったもので、六節は溶解した肉体が煙《ヒブィ》となって飛んでいくのだ、と教えてくれた。

この葬送歌が葬儀で歌われる対象者はシマレベルの神職者であるクニガミと始祖神の神職者に限られ、一般の神女たちにも、一般のシマ人に対しても歌われていない。このことは単なる上級神職者を一般と分けるということなのか、それとも何かほかの意味があるのかは、今のところよくわからない。しかし、この葬送歌には歌われる神職者のみのではなく、久高人全体の死生観を表すキーワードが秘められているのである。

では、葬所で肉体が溶けたあと、煙となって立ち昇り、ニルヤハナヤに行くとはどういうことであろうか。また、九、十節の、金盃、銀盃をいただくとはどういう意味か。それらを解きながら、久高人の死生観を考えてみたい。

とだえた風葬

まず、ティラバンタ、葬所とはどういうところなのであろうか。

ティラは、ティダと同意で太陽のことである。バンタは断崖絶壁の意である。つまりティラバンタとは太陽が沈んでいく陸地の果て、というイメージである。久高人は外海を異界と考えていたから、断崖絶壁はこの世に属する陸との境、異界との境界ということになり、そこが葬所ということになった。つまり、久高島の葬所は、この世とあの世の狭間にあり、いうまでもないがあの世に属してはいない。

久高島の実際の葬所は、サンゴ礁石の岩塊が連なる西海岸沿いに四カ所あった。そこは陸地側が絶壁状になっていて、海も遠浅ではなく、急に深くなっている。つまり、ティラバンタのイメージどおりの場所であって、その葬所を通称「グゥソー」といっている。グゥソーは仏教でいう「後生」と同語と考えられ、これはおそらく近世以後本島あたりで使用されていた言葉をそのまま使ったものと考えられる。

久高島では一九六六年頃までは、死体を木棺に入れて岩蔭などに置き、自然の風化にゆだねるとむらい方、つまり風葬がおこなわれていた。おそらく本島あたりで板を購入して作る木棺の使用も近世のことで、それ以前、死体はそのままか、あるいは草むしろのようなものでくるむだけであったと考えられる。それで、死体の腐乱していくさまを見ることができたから、あの凄い葬送歌の表現になっていったのだろう。

久高島が太古から連綿と続けてきた風葬がとだえたのは、イザイホーの年、六六年に、心ない外来者が風葬途中の木棺を開けて、シマ人にはまだその死者が判別可能な状態のところを写真撮影し、しかもこの写真を雑誌に発表する（一九六七年）という、シマ人にとっては予想もしない事件がおきたことが原因である。この事件のせいで風葬をやめたのかと、シマ人から直接聞くことははばかられたが、衝撃であったと思われる。ともかくシマ中で協議をした結果やめた、とだけ聞いた。

シマ人総出で、身元の判別できる死者はそのときの風葬地の上方の平地にブロックなどで墓を作って埋葬し、今ではここを新《ミー》グゥソーと称し、前の風葬所は古《フル》グゥソーと称している。集落の北方わずか二百メートルほどのところである。

死者の身元がわからない古い遺骨は数カ所に集めて埋め、木棺などの残骸は燃やしたということであったが、今ではこの風葬跡、古グゥソーの岩の割れ目や大岩の蔭に、空の骨壺、木棺の破片などがわずかに残るだけになっている。しかし、この岩場の風葬跡は潮風にさらされ、なにやら薄暗く、「この世とあの世の狭間」という感じは今も強い。

この出来事以降、風葬はおこなわれていない。今では、死者は沖縄本島と同じように墓におさめられている。

ここで注意してほしいのは、久高島の死生観は葬送歌にもあるように、風葬の死者を通して考えた自然的死生観であることである。けっして、近世以後中国などから為政者が導入して庶民レベルまで普及させた亀甲墓に代表される、石で固めた沖縄の墓からは発想することはできない死生観であるということである。

魂はどこに行くのか

ではつぎに、葬送歌の六節にある「昇り立つ」ものとは何なのであろうか。

それは煙のような気体で、飛翔するものであり、魂《マブイ》というものである、というのが久高人の考えである。

人は誕生とともに魂という存在を体内に入れ、これを生きる力にしている、魂は単独では浮遊性のある存在で、体内にあるときでもその宿る肉体が不調なときは肉体から抜け落ちてしまうことがあるが、普通は魂を呼び戻す儀礼をおこなえばまたもとの肉体におさまる、しかし、肉体が完全に活動停止すると、つまり人が死ぬと、魂は肉体を抜け出してしまう。つまり、ここで、煙になって上昇するのはこの魂ということである。

この煙になったものが飛んでいくと歌われるニルヤハナヤはニラーハラーとも同義語で、魂の鎮まるあの世であって、ではそれはどこかということになると、祭祀のプロセスや祝詞《ムチメー》の中に表現されているが、最もわかりやすいのは葬儀の儀式そのものの中にある。つぎのような場面である。

葬列を葬所の入り口と考えられている十字路でいったんとめると、東方に向かって「○○年《どし》生まれの者がこのたびニラーハラーへ参ります」と唱えて礼拝がおこなわれる。つまり死者の魂はニラーハラーというあの世に赴くということがはっきりと唱えられる。その場所は、シマの東方に広がる海をはるかに越えた、太陽の出ずるところにあると考えられている。

では、上昇した魂はどのような経路で太陽の出ずる方向にあるあの世に至るのであろうか。

久高島では太陽の出ずる方向は聖なるところ、神々の空間であって、これに対して太陽の没する方向は俗なるところで、死者供養、害虫祓いの儀礼がおこなわれるところであった。太陽は没するとティダガアナという太陽の穴に入り、地底をくぐり抜けて東方に至る。そういう太陽の循環が考えられていて、それにあてはめて、上昇した魂はまっすぐそのまま東方のあの世へ行くのではなく、太陽の没する軌道に沿って、つまり地底をくぐり抜けて東方のあの世に行くということから、葬所が太陽の没する方に自然に想定されたのであろう。

それから、金盃銀盃をいただこうと歌っているが、それはだれからの盃なのだろうか。

これも祭祀や神歌、それに神々の体系から推しはかると、あの世ニラーハラーにはこの世の始原の神々が存在し、その最高神は〈ニライ大主《ウフヌシ》〉と〈東リ《アガ》大主《ウフヌシ》〉だと考えられていて、おそらくあの世に到着した魂《マブイ》はこの二神から盃をいただくのであろう。

こうやってみていくと、久高島の死生観は、人間存在のもとになる魂という不滅の霊魂の存在を認識し、これを自然のダイナミズムの中に描く雄大なものである。

なお久高島では、骨は、魂の抜け殻になったものであり、近年まで祀られることはなかった。葬所《グウソー》には人も立ち入らず、礼拝の対象にはなっていなかったのには理由があるのである。

魂の発見

この魂の認識が久高島の、死生観、他界観、宇宙観、自然観、生命観、人間観、神観念など、すべての思想の核になっている。さてここで、このような重要なことをどのようにしてシマ人が発見し、認識していったのかを考えてみたい。

今でもそうであるが、人間が死ぬということは太古でも一大事であったと考えられる。とくに親や子供、共同生活者の死は特別な悲しみを持って受け止められた。死ぬと、当然のこととしてその肉体は腐乱し骨だけを残して消滅してしまうことになる。しかし、死者に対して愛憎の絆が深くその死に対して悲しみが深いだけ、死者の生前の姿が脳裡に残り、思い出したり夢を見たり、あるいは死者の幻を見たりする。このような現象は現代の合理主義的な考え方では、単なる夢、思い出、幻視などとして、故人を偲《しの》ぶと受けとめるのが普通であると思われるが、しかし久高島の古代人たちはそうは考えなかった。

人は死ぬが、それは肉体が消滅するだけであり、死者は形を変えてどこかに存在しているのだと、脳裡に浮かぶ死者の生前の姿の残像や夢見を根拠にして考えた。そうして先に述べたように「魂」の存在を見出していったと思われる。今でも久高人の年配者の多くは、夢を信じ、魂の存在を信じている。

さて、魂の宿る肉体が死なないまでも、肉体の成長期は不安定だと考えられていて、そういう幼年のときや、病気などで不調のとき、またパニック状態のときには魂が肉体から抜け落ちてしまうことがあり、肉体から離脱した後、そのままにしておくと人は死ぬといわれている。その救済措置として抜け落ちた魂を人の肉体に戻す儀式があり、ティンユタという巫女《ふじょ》によっておこなわれる。

魂は人に宿っている状態ではその人と同体・同一であり、つまり個性が視覚的にわかる状態にある。ところが人の肉体を離脱すると、通常は不定形な気体のような存在が浮遊状態になり、そうなると、巫女などの超能力者を除き、普通の人にはその個別性は不明になってしまう。

抜け落ちた魂を体内に戻す魂込めの儀式を〈マンブカネー〉といい、このマンブカネーを私は見ており、第五章に具体的に紹介する。

ところで、このマンブカネーという儀式のときに唱えられる祝詞《ムチメー》の中に「五つの魂《マブイ》七つの魂」とある。久高島では五、七の奇数を重ね、象徴的に複数を表現することが多いが、この場合もそうで、五、七は実質的な数ではない。ただ、ひとりの人間の体内に入る魂はどうやら一つではなく、複数であると考えられていることがわかる。その複数の魂はばらばらに存在するのではなく一塊《かたまり》になっているといわれている。

それから、抜け落ちた魂を戻す儀式で、魂をふたたび体内に入れるときに、ティンユタは、魂を落とした者の背後から両肩のあたりに入れる仕草をおこなっている。魂の出入り口は後ろ肩あたりであると考えられていることがわかる。

また、久高島で生後七日目の赤ちゃんに産着着せが儀式としておこなわれていたが、そのときの赤ちゃんの産着の後ろ襟に「マブヤーグヮ」という赤布を縫いつけていたという。これも魂が背後から抜けていくという認識から、赤ちゃんの魂が抜け落ちないように魔を祓う力がある赤色で守っているのである。

ちなみに、「マブイ」とは、守るという意味である。沖縄の他の地域では、「マブヤー」「タマシ」「タマス」などというところもある。

西銘シズさんに、魂は人のどこに入っているのかを聞いたことがある。シズさんは胸に手を当てやさしくほほえんで、ここにある心だよ、と言っていた。つまり心臓のあたりということであった。

祟る魂

魂は宿る肉体の有無によってその名称が変わる。すなわち、人が生きているときの魂は「生《イチ》魂《マブイ》」と称し、人が死んで宿る肉体を喪失した魂を「死《ヒー》魂《マブイ》」と称している。この死魂が、守護霊にもなり、悪霊にもなるのである。

生魂の場合も魂そのものの悪性のパワーが強い場合は、その宿り主自体も同じ気性になると考えられていて、このような魂は宿り主が寝ているあいだにその肉体から離脱し、他人に対して悪さとか祟りをすると考えられている。この魂の行為を「イチジャマ」(ジャマは危害を加える意)と称している。気性の激しい人にこのイチジャマをする魂の宿り主が多いと考えられていて、そのような人は日常においても恐れられている。

一方で、宿り主が死亡した場合は、つまり魂の憑《ひょうちゃく》着する存在そのものを喪失すると、魂は浮遊状態になる。平常の場合はあの世ニラーハラーへ行くのだが、しかし、必ずしもすべての死者の魂があの世へ行けるとは限らない。宿り主の生前の生きざま・死にざまなどによっては、魂《マブイ》はあの世へ行けないこともある。

　あの世に行けない生きざまとは、生前他人に迷惑をかけた者、シマの価値観に従わない者、浮気をした者、神事を怠った者、神職を拒否した者である。死にざまとは、長い患いで苦しんで死んだ者、若死にした者、自殺や事故死などの不自然死をした者、この世に思いを残すことが多い者である。このような生きざま・死にざまをした者はあの世へ行けない可能性があり、そしてティラバンタの葬所あたりに浮遊している。また、外洋《フカ》とか、屋外とか、シマ外であるとか、死に場所が普通でない場合、魂は死んだ場所に抜け落ちて浮遊していると考えられている。

　あの世へ行けずこの世で浮遊している魂は、そのことを宿り主の身内に、原因不明の病気とか、夢見、異常行動など、何らかの異常事態をおこして伝える。つまり祟り状態をおこす。これを「シラシ」（知らせ）とか「ニンヌミグゥイ」（因縁ほどの意）といっている。

　この魂の告知には時間的な制限はない。つまり、いつおこるかわからない。しかし知らせる相手は必ず魂の子々孫々でなければならない。子々孫々が魂の知らせに気づき、天界と地界にむかって祈願する〈天地御願《ティンジウガン》〉という儀式をすると、魂はあの世へ行くことができる。しかし、子々孫々がいなかったり、魂の知らせを子々孫々が気づかなかったりすると、魂はあの世に行くことができず、この世で浮遊しつづけることになる。

　このような魂は、あの世へ行けないあせりでヒステリックになっていて、無秩序に祟る恐ろしい存在「悪霊《ヤムナン》」になり、この世の深い森（聖域としての御嶽《ウタキ》以外の）とか、とくに葬所《グウソー》あたりには多く浮遊していると考えられている。それで、シマ人は葬所には今でも立ち入らない。葬儀などでやむなく立ち入った者は、葬所の近くにある潔めの井泉のミガーで厳重な禊《みそぎ》をおこなう。

このように死魂《ヒーマブイ》の知らせは、死魂と同じような生きざま・死にざまをさせるという、祟り現象によってなされる。子孫からすればいつ祟られるかわからない、このような死魂がこの世に存在していることは恐ろしいことである。そこで、子孫側も日常生活でおこる異常なことには注意をはらうことになる。もし、異常なことが死魂の祟り、つまりあの世に行けないことの知らせであることがわかった場合は、ただちにその救済の儀式をおこない、死魂の方ではあの世に行くこと、子孫の方は祟りの原因の除去を図るわけである。

それから、外来者などが深い森や葬所に立ち入ったとき、この浮遊霊に祟られて憑着されることがある。このことをミチヌハリケーという。語意は不詳だが、祟りの症状は急性腹痛、頭痛が多い。この場合、ティンユタによる〈ミチヌハリケー御願《ウガン》〉で祟りを取り除く儀式がおこなわれる。

祟られた人本人、またはまわりのシマ人が浮遊霊の祟りだと気づくと、ティンユタが呼ばれる。御願は必ず太陽が沈んでからおこなわれる。

まず、ティンユタはその者を軒下に、西方にむかわせて立たせる。これは、旅人であっても必ず久高島内、たとえば当事者の宿泊先などでおこなう。バケツなどに食塩水を用意し、それをノーサというススキを三本束ねた呪具で、その背後から肩あたりを叩きながらふりかける。そうして祟る魂《マブイ》に向かって「あの世へ行くお願いをしていないのは、あなたの子孫たちの責任であり、この人には関わりのないことです。どうか、あなたの子孫に関わってください」という内容の祝詞《ムチメー》を唱える。

御願《ウガン》がすむと、頭痛腹痛なども治るといわれている。なお、浮遊霊になった魂も肩の後ろあたりから出入りしていることが、この御願からもわかる。

また、太陽のない時刻に御願を開始するということは、浮遊霊がうごき回る「刻《とき》」が考慮され、西方に向かわせるというのは浮遊霊の集う場所がその方向と考えられているのだろう。

魂の鎮め

外洋で遭難死した人の魂や、シマの外で死亡した人の魂の場合はどうか。

外洋で遭難死した人の場合、海難者の魂の鎮めの儀式がある。〈竜宮《リューグゥ》マッティ〉というが、竜宮とは外洋の意、マッティは祭祀ほどの意である。旧暦三月三日におこなわれるシマレベルの男たちの漁労祭祀と並行し、西のユラウマヌ浜でおこなわれる。主催は海難者を出した家族で、司祭者はティンユタ、供え物は餅、揚げ魚、酒である。

時刻は夕刻である。神饌の膳を砂上に西方に向けて置き、その前にティンユタが座し、合掌して祝詞を唱える。祝詞の大意は、

「三月の海は荒れます。この家の遭難者よ、海で浮遊する魂よ、あなたの子々孫々が港や海の神に対して御願をするから、ここの子々孫々を同じ目に遭わせないでください。餅や魚、酒も供えて竜宮に対してお願いしますれば、この家の子々孫々の行く海は、荒海も鎮めてください。そうして出船入り船も平穏にあらしてください」

この祝詞からもわかるとおり、あの世へ行けない海難者の魂は身内が海を航行する際に、浮遊霊からすればあの世へ行きたい一心、身内に気づいてほしい一心で、祟りをおこす可能性が想定されている。死体があがらなかった海難者の魂は永久にあの世へ行けないと考えられていて、海難者を出した家では毎年、この魂鎮めの儀式をしなければならない。

ちなみに、久高島での海難者はここ五百年ほどのあいだに約三十六名で、うち女性は一人であったといわれている。遭難の原因は台風と第二次世界大戦であるということであった。

また、病院など死者の住居以外の場所で死亡したとき、死魂《ヒーマブイ》はその場所に残ると考えられている。もし、このとき御願を怠ると、魂はあの世へ行けずに、浮遊霊となって後々まで子孫に祟るといわれている。この場合は、遺体をその場所から死者の住まいに移し、なるべく早い

時期にティンユタを頼んで御願《ウガン》をおこなう。御願の場所は原則として死亡した場所であるが、病室など御願に支障がある場合は、外部から死亡場所に向かっておこなう。供え物は餅、米、割り御香《ウコウ》（板状の香を分割したもの）である。

シマの外で死んだ者に対しては〈ザァクヌミチ〉という御願がある（ザァクは不詳、ヌミチは「の道」の意）。〈スーカーワタイ〉（渡海の意）ともいわれ、本島などの病院で死んだ者は海を渡ることになるので、その魂《マブイ》が海に落ちて迷わないようにするための御願である。葬儀の後、本島の職業的巫者であるユタ家を訪問して、死魂《ヒーマブイ》がまだ海を渡りきれてないという判示があると、ティンユタに依頼してこの御願をおこなう。

この御願は午後からはじめる。場所はミアムトゥ（三つの重要な始祖家である久高ノロ家、外間《フカマ》ノロ家、外間根家《ニーヤー》）、大里家《ウプラトウ》、葬所、死者の家の順にまわっておこなわれる大がかりなものである。

このほか、ティンユタがおこなう御願の一つに〈ハナシ御願〉というものがある。死魂が物に憑《つ》いた場合にその死魂を離れさせるもので、これは〈ヌギファ〉ともいう。ハナシもヌギファも離脱ほどの意である。

以上のように、魂に関する儀式はティンユタという巫女《ふじょ》がとりおこなう。ティンユタについては第五章でくわしく述べる。

祈願をおこなうティンユタ
(ユラウマヌ浜、〈竜宮マッティ〉1977)

秩序霊と混沌霊

これまで記してきたとおり、人は誕生とともに魂《マブイ》を体内に宿し生きる力としている。人が死ぬと肉体は消滅するが、魂は不滅である。しかし、肉体の消滅を通して、生きざま・死にざまが問われ、魂は二つの世界に選別されることになる。

平常の場合、魂はニラーハラーに行き、そこでニライ大主《ウフヌシ》、東リ大主《アガウフヌシ》からあの世の一員になった承認の盃を受けることは前に記した。このような魂を「シジ」と呼んでいる。「シジ」は筋とか、系統、祖先などの意味に使われる言葉である。この世に新たな「依代《よりしろ》」になる存在が生じた場合、ふたたびあの世からこの世に、守護力を備えた存在として再生すると考えられている。だから、シジのことを守護霊とか神霊ということもある。

シジになった魂は、

①神職者

②一般の人々

に再生する形がある。

神職者のシジはあらたな神職者の就任をまって再生する。一方、一般の人々のケースは祖父母から孫へおこなわれるものであり、誕生とともに体内に宿る魂のことである。つまりひらたくいえば、孫の誕生というのは祖父母の生まれ変わりという発想である。おそらくこの認識も孫の容姿、性格が祖父母に似ているという感覚的なものであると思われる。また、この実態をふまえると、魂はＤＮＡであるといってもよいかもしれない。

以上の魂は善霊で、あの世とこの世を循環している存在である。

一方で、生きざま・死にざまがよくなかった死者の魂はあの世にすんなりと行けず、この世にさまよっていると考えられ、このような死魂《ヒーマブィ》は祟りをする不安定な存在として恐れられている。死魂の身内が救済の儀式をすればあの世へ行くことができるが、身内が告知の祟り現象に気づかず、あるいは身内がいない場合、死魂はそのままこの世で浮遊している。

おそらく何世代にもわたる久高人の生き死にの中で、このような浮遊霊が無数に存在しているということになろう。死魂はおもに葬所や深い森などに憑着しており、太陽のある日中は鎮まっているが、日没後になると浮遊跋扈《ばっこ》すると考えられ、暗闇は、集落内であっても恐れられる。

二つの死魂のうち、前者は守護力《シジ》を持った善霊で、一定の秩序の中に存在している。この魂を秩序霊と呼びたい。後者の魂は祟りをする悪霊であり、不安定で非秩序の中にある。そこでこの死魂を混沌霊と呼ぶ。久高島の世界は、この秩序霊と混沌霊の緊張の中で成り立っているということができる。

言葉をかえていえば、祭祀や儀式を通して秩序霊が守護力を発揮しているときには、生活の平安、人々の健康が保たれて調和している状態であるが、秩序霊の守護力が低下すると調和が崩れ、混沌霊がうごき回る不安定な状態になる。久高島でおこなわれている祭祀は、秩序霊の守護力によってシマ人およびその生活空間から混沌霊を取り除き、秩序をいきわたらせるためのものなのである。

秩序が保たれる空間は守護神の鎮座する家屋を基点に、家屋の敷地内、集落内、集落外と、遠くなるほど秩序力が希薄になり、混沌度、つまり混沌霊の侵入の危険性が増していくと考えられている。

ただし、これは太陽のある日中で、日没後になるとこの秩序のグラデーションは一気になくなり、秩序力の及ぶ空間は守護神の依代《よりしろ》の鎮座する家屋の中に縮まってしまう。秩序霊と混沌霊の緊張関係は、自然のなすリズム、つまり昼と夜によっても流動するということである。

なお混沌霊の範疇に、これまで記した人霊のほかに方位神というものがある。この神は干支《えと》で表現される十二の方位にそれぞれ鎮まっている神々であり、この方位神が鎮まっている場所を離れ、久高島の生活空間に侵入してくると「アリ」(荒れの意)といわれ、シマの秩序が壊れて混沌状態になる。自然災害疾病、たとえば台風の回数、強さ、日照り、長雨、風邪の流行などがいつもの年より多くおこるとき、方位神の仕わざと考えられている。個人の住居に対しておこなわれる〈屋敷祓い〉はこの方位神が強く意識されている。

このように、久高島の世界を成り立たせているのは魂の存在の肯定である。この死生観は、古代人が暮らしの中で感じとったものがシマの自然の中で育まれて、形となってきたものであろう。

しかし、琉球弧の多くのところでは近代的な生活が浸透する中で、目に見えることだけを信じる傾向が進行し、目に見えないものを信じる感性はうすれ、あるいは喪失し、「魂」の存在などということは昔の話に考えられている。

秩序霊を司る者

あの世ニラーハラーで死後の魂がシジという守護力を備えた存在になった秩序霊は、孫、神職者などがこの世に誕生するとふたたびこの世に再生し、守護力を発揮することになっている。この守護霊をひきうける者を構造的に順序をつけ、守護力を発揮させる仕組みとしたのが久高島の祭祀組織である。祭祀はつぎの三つのレベルで展開される。
①家レベル——家庭レベル。イザイホーという神職者就任式を経て神女《タマガエー》になった主婦がおこなう。
②血族レベル——それぞれの始祖家の神職者がおこなう。

③シマレベル——クニガミとヤジクというシマレベルの祭祀を支える神職者がおこなう。それぞれのレベルで秩序霊の依代《よりしろ》となる香炉があり、シジの顕現を引き受ける神職者がいて、秩序霊を司るのである。

①の家レベルについては後に述べるので、ここでは、②血族レベルと③シマレベルについて述べていきたい。まず、血族の始祖家について説明する。

久高島の集落はシマの南辺にあるが、集落はその中でも北側から南側へひろがってきている。これは、子供は必ず親の家の下方（南）に分家するという伝統によってできたもので、子供は親に抱かれる、つまり守護される存在という考えからである。これでいうと、集落の親に当たる始祖家は北側に位置することになる。この血族の始祖家をムトゥ（草分けの家の意）という。

集落の最上方の北側に位置する家々は歴史的にも古く、「古《フル》ムトゥ」と呼ばれ、その下方の群はより新しいもので「中《ナカ》ムトゥ」と呼ばれている。ちなみに、古ムトゥは八家、中ムトゥは十八家ある。それぞれのグループの中でも新旧の区別があり、古ムトゥはその位置で新旧の区別がつくが、中ムトゥは戸数も多く、その位置だけで判断することはむずかしい。

長い歴史の中で古ムトゥの多くは子孫が絶え、属する人々相互の血縁的連帯意識は薄い。これに対して中ムトゥは、通常このムトゥをチチョーデ（血のつながった親族の意）というように、血縁意識が強く、日常生活でも助け合う集団である。

久高人は必ずいずれかの中ムトゥに属している。近年になって一部のムトゥが家譜の作成をして来歴を文字化したケースがあるが、多くのムトゥは今でも来歴は口承で語られている。

ムトゥの神々

古ムトゥには始祖的男女神が祀られているケースが多い。しかし、この男女の関係は、久高島の人創りの神話を持つタルガナー家の場合の「兄妹」(シラタルとファガナシー)というほかは不明確になっている。また、中ムトゥには男女神、つまり夫婦神という発想はなく、一神(女神が多い)を祀ってあるケースが多い。このことから久高島では、少なくとも中ムトゥが発生するころまでは、夫婦という一対の男女が家族の基点になるという考えはまだはっきりしていなかったことが推察できる。

さて、ムトゥ神《ガミ》とは、ムトゥに祀られている守護神(秩序霊)であり、守護の範囲はその始祖家に帰属する人々である。それぞれのムトゥには守護神の依代としての香炉が置いてある。人々は事あるごとにムトゥに赴き、守護神に礼拝をするが、通常、ムトゥ神はあの世ニラーハラーに鎮まっていると考えられているので、人々は香炉を通してニラーハラーのムトゥ神に礼拝するのである。

そのムトゥ神がこの世を直接訪問するときがある。この祭祀が〈ハンザァナシー〉で、旧暦四月と九月の二回、おこなわれる。もう一つは、十二年ごとの神女就任の儀式〈イザイホー〉である。この二つの祭祀についてはのちにくわしく述べる。

ハンザァナシー（ハンは神の意、ザァナシーは敬称）の来訪のときには、それらのムトゥ神を引き受ける者、つまり神職者がいる場合は、その神職者の頭部に憑依合体し、現人神《あらひとがみ》として現れることができる。しかし、神職者が不在の場合は「目に見えない来訪」になってしまう。（なお、イザイホーの場合は神職者の有無にかかわらず、目に見えない来訪である。）こういった直接の来訪のときはもちろん、ムトゥ神の守護力が最も発揮されることになり、その子孫たちはその守護力を受けようとムトゥ神の礼拝に行く。

ムトゥ神をその性格で分けると、古ムトゥから出る始祖神のイメージの強い存在と、中ムトゥから出る非始祖神的存在とがある。

非始祖的ムトゥ神というのは、ノロ制度以前にあった古い神格であったと推察され、その起源は、おそらく目に見えない異界の存在である神霊に対して、憑依または交信することのできた超能力保持者、シャーマンではなかったかと思われる。生前から強力なパワーを保持していた存在を、その死後、守護力の強いシジとしてムトゥ神に祀り、そのシジを引き受ける者（神職者）を通してその守護力が発揮され、そのムトゥに帰属する人々を救済するという構造になっていったと思われる。

ちなみに、ニラーハラーにいる神々はニライ大主《ウフヌシ》、東リ大主《アガウフヌシ》のほかにヒーチョーザ、シジャガハナなど多くをかぞえる。これらがそれぞれのムトゥに祀られているのであるが、引き受ける神職者がいなくなった神格もある。

ノロ制度とクニガミ

家レベル、血族レベルの祭祀がおこなわれていた久高島で神職者組織をあらたに編成することになったのは、琉球王朝の第二尚《しょう》氏王統第三代・尚真《しょうしん》王の時代に祭政一致政策として、ノロ（久高島では通称ヌルであった）制度が施行されたからである。五百年ほど前のことになるが、それまでのムトゥ神（神職者の意味でもある）を求心力とするムトゥが存在する時代から、ノロを中心とするシマ全体を束ねる祭祀制度に移行した。

ここで、ノロ制度の構造を簡単に説明しておくと、首里王府は琉球弧の間切《マギリ》（町村の古名）と島々に、〈ノロ〉（沖縄、奄美）、〈司《ツカサ》〉（宮古、八重山）と称する、土地を給する官人としての女性神職者を任命した。そうしてとくに王府の財源になる穀物（米、粟、麦）の豊作祈願を中心に、貢納船（租税運搬船）の航海安全祈願などの祭祀を定めて、これをおこなわせた。

間切、島々のノロ、司の上位に〈三十三君〉（神女数からの呼称）と称する高級神女を配し、さらにその最上位に王妹（後に妻も就任）がなる〈聞得大君《きこえおおぎみ》〉が君臨した。間切、島々のノロ、司は就退任のときには王府に参上した。

また、王府の所在地・首里を首里平等《ヒラ》、真壁平等、儀保平等の三地区に区切り、それぞれに、〈大あむしられ〉（あむは母、しられは治める意）という三十三君と同格の高級神女を配し、この三地区に琉球弧の間切、島々を三分割して置いた。ちなみに、久高島は首里平等に属していた。

このとき、久高島は東側の外間根家《フカマニーヤー》と西側のタルガナーの二大ムトゥを中心に家々が集まっていた。そこで、ノロ制度を施行するにあたり、この二つの始祖家のムトゥ神の引き受け者をノロ職に昇格させた。ただし、王府任命のノロ職は外間根家から出て公事《クウジ》ノロ（公式のノロの意）とし、外間ノロとなり、タルガナー家からのノロ職はシマノロ（非公式ノロの意）とし、久高ノロとなった。シマレベルの祭祀の司祭者は外間ノロ、準司祭者が久高ノロである。それからこの二人のノロの出た家に、殿《トゥン》というシマレベルの祭祀場が設置され、それが現在の外間殿、久高殿である。

この二大ノロにつきしたがう神職者が各家の三十歳から七十歳の年齢の主婦がつとめる神《タマガ》女《エー》である。その帰属の基準は、その居住地（集落を東西に二分した東側が外間ノロ、西側が久高ノロ）である。新任の神女は祭祀の雑役をおこなう雑事役《ソージヤク》になると、ヤジクと呼ばれる。

それから、両ノロに根人《ニーチュ》と称する男性神職者が対になるよう配置されて、祭祀のときにはノロとは別座に座し、祭祀の経過を見守っている。さらに、補助者としてウメーギという神職者

ムトゥ(草分家)の系譜

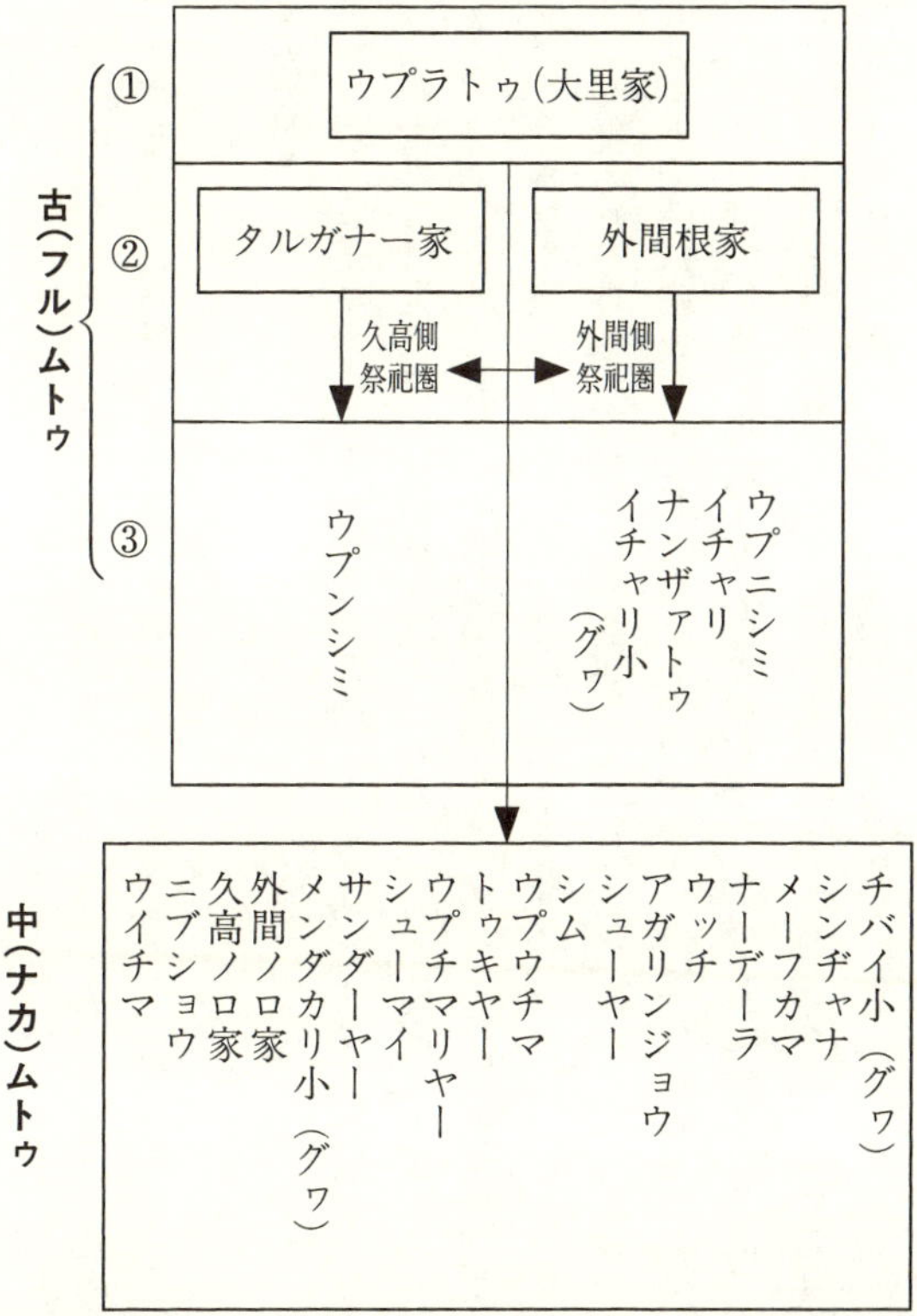

ノロ制度を受容したとき、外間根家から外間ノロ(公事ノロ)、タルガナー家から久高ノロ（シマノロ）が出た。しかしながら継承の歴史の中で、両ノロの守護神（シジ）の依り憑く香炉は中ムトゥレベルに移動した。また根神は外間根家から出るが、香炉は大里家にある。

がついている。

両ノロを中心に、根人《ニーチュ》、ウメーギの六神職者と、さらに、外間根家《フカマニーヤー》から出る〈外間根神《ニーガン》〉とそのウメーギを加えた八神職者を〈クニガミ〉（シマの司祭団）と称している。

神職者の継承

外間ノロは現ノロまでおよそ十一代で、四代さかのぼってまでは名前はわかっているが、それ以前は不明である。九代までは娘継ぎであったが、ノロの財産として、ノロ地という畑一一八〇坪とイラブー（エラブ海蛇）の採取権を確保するために、先代から嫁継ぎに変わったという。イラブーは食材や漢方薬として高価で取り引きされる。

久高ノロも現ノロから四代前までは名前が伝えられているが、それ以前は不明である。おそらく外間ノロと同時に就任したと考えられるので、およそ十一代ほどつづいていることが考えられる。久高ノロは先代まで娘継ぎで、その後嫁継ぎに変わっている。久高ノロ家もノロ地一七一二坪の畑とイラブーの採取権を有している。なお、最後の久高ノロが数年前亡くなったが、後継者がおらず現在の久高ノロは不在になっている。

根神は外間根家の娘継ぎであったが、根神も数年前に亡くなり、その後継者がおらず不在の状態である。

久高島の祭祀組織

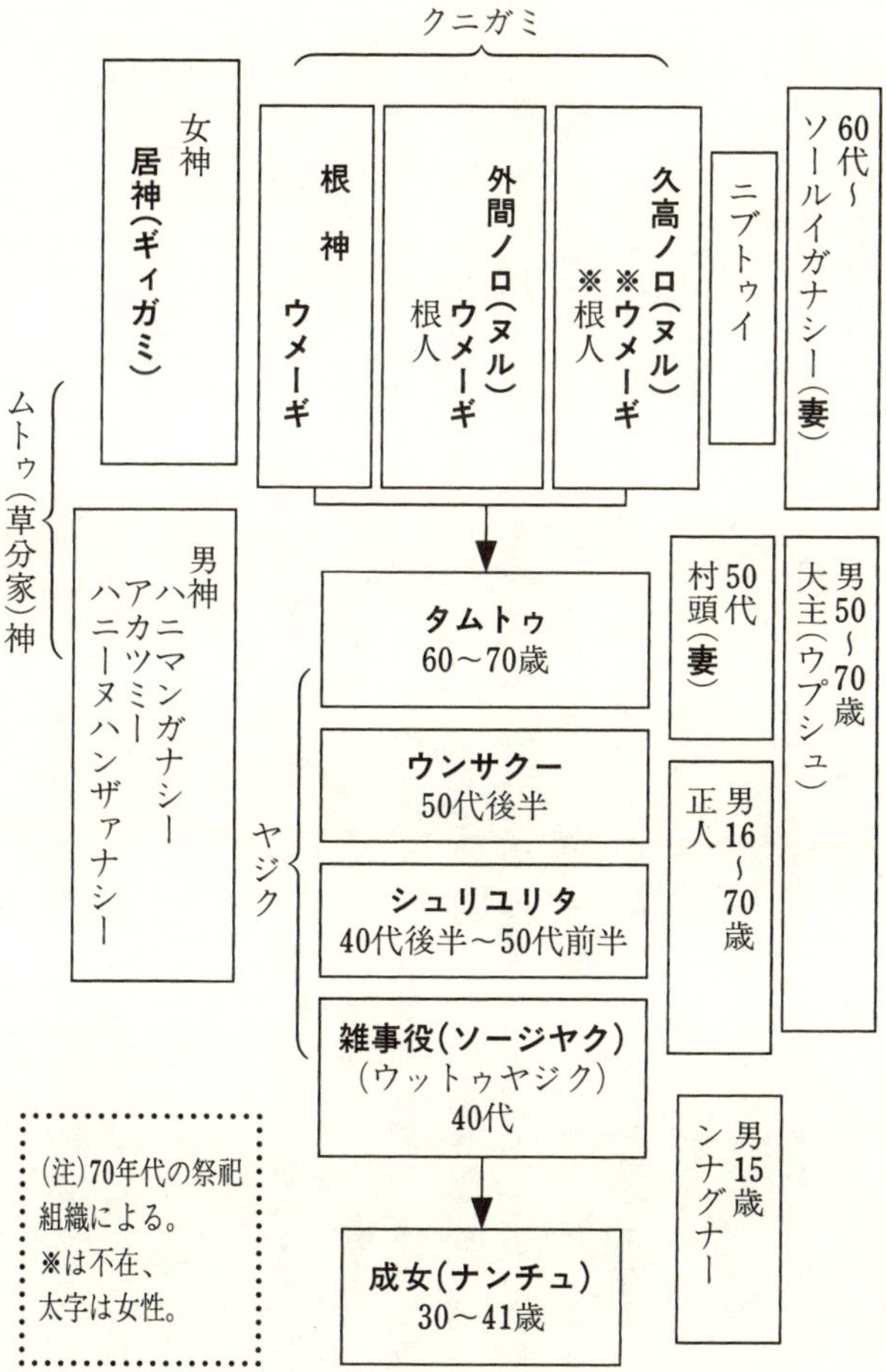
クニガミ
女神
居神(ギィガミ)
根神
ウメーギ
外間ノロ(ヌル)
ウメーギ
根人
久高ノロ(ヌル)
※ウメーギ
※根人
ニブトゥイ
60代〜
ソールイガナシー(妻)
ムトゥ(草分家)神
男神
ハニマンガナシー
アカツミー
ハニーヌハンザァナシー
タムトゥ
60〜70歳
ウンサクー
50代後半
シュリユリタ
40代後半〜50代前半
雑事役(ソージヤク)
(ウットゥヤジク)
40代
ヤジク
成女(ナンチュ)
30〜41歳
50代
村頭(妻)
男
50〜70歳
大主(ウプシュ)
男
16〜70歳
正人
男
15歳
ンナグナー
(注)70年代の祭祀組織による。
※は不在、
太字は女性。

ノロ、根神《ニーガン》に対する男性神職者である根人《ニーチュ》はというと、外間《フカマ》根人は外間根家《ニーヤー》を出自とし、必ず長子が継承する。久高根人の場合は久高ノロ系統家から出るが、必ずしも長子継ぎではない。

ウメーギは主神のノロ、根神のような厳格なものではなく、主神の親戚筋の娘の中から夢見、巫病《ふびょう》などの神の告知があって就任する。現在、外間ノロのウメーギ（西銘シズさんの後継者）のほかは不在である。

クニガミの中の両ノロ、根神、外間根人は出自家も継承の形式も明確である。ムトゥ神の神職者のように「サーダカ生まり」（目に見えない霊魂を感受する能力を備えた者）という資質は要求されない。クニガミはその分だけムトゥ神より形式性が強く、逆に超能力は弱いことになり、ムトゥ神のように個人の命運を救済する力はなく、どちらかというと首里王府につながる官人としての権威性が重視されている。この意識は首里王府が崩壊して久しい現在でも変わらない。

ムトゥ神（神職者）に就任する者は、一般的に原因不明の病気（巫病）になったときにユタ家（現在は町ユタ、昔はティンユタ）を訪問し、病気の原因が当人の属するムトゥの神職者不在にともなう知らせ《シラシ》（就任要請）であることを告げられ、その結果、神意に従う形で就任する。

このとき、もし当人が若年とか子育て、あるいは経済的に余裕がないなどの場合は、一時的に就任を見合わせてもらう〈許し御願《ウガン》〉をすることによって就任を保留することができる。もちろん、神意を無視すると病気状態がつづくことになる。

第二章——守護神の成立

香炉の継承をおこなうイザイニガヤー（〈イザイホー・１日目〉1978）

三代の絆

久高島の祭祀の中でも一般的によく知られる〈イザイホー〉は、十二年ごとの午年《うま》におこなわれる。これはこの年に、島で生まれ育った三十歳から四十一歳までの主婦である女性が神女に就任する儀式である。この儀式はおそらく、五百年ほど前に首里王府からノロ制度を受け入れて以後、ノロの下で祭祀に参加する祭祀団員を組織するためにおこなわれたのが始まりであると思われる。しかし、このイザイホーの核心である、祖母霊を孫娘が継承するという考え方は、イザイホーがおこなわれる以前からシマにあったものであろう。

久高島の女性、とくに結婚し、子供を出産した女性は、病弱、早世などの異変がないかぎり、イザイホーの儀式を経て神女になることが当然のこととされている。それは、家族を守護するのはその家の主婦＝母の役目であるという認識があったからであった。

イザイホー儀礼をして神女になった女性は死ぬと、その魂《マブイ》はひとまずほかの一般のシマ人と同じく、東方の海の彼方にあるあの世ニラーハラーへ行くが、ニラーハラーの神々の認承を受け守護力を備えた神霊になるとすぐ、島を守るために御嶽《ウタキ》に帰され、そこに鎮まっていると考えられている。

この神女の神霊は「タマガエーヌウプティシジ」と尊称される。タマガエーの語意は「魂替え」などの説もあるが、久高島ではイザイホーを経て神職者になった神女そのものをタマガエーといいならわしている。ウプティは大きいの意、シジは他界して霊となった魂のことである。つまり、タマガエーヌウプティシジは「神女の祖母霊」のことで、孫娘が神女になるとき祖母霊が守護神になるということを意味している。ときがくるまで、神女の祖母霊《タマガエーヌウプティシジ》は島の御嶽に鎮まっているのである。

さて御嶽にある神女の祖母霊がどのようにして、この世である人々の集落に再現し、守護力を発揮するかという場面を紹介してみたい。

イザイホーの一日目早朝、イザイニガヤー（イザイホーをする者）は、聖泉に行って禊《みそぎ》をし、髪を洗う。洗い髪のまま身なりを整えると、家の祭祀を司る巫女《ふじょ》ティンユタに伴われて、亡祖母の出自家を訪問する。そこで、亡祖母が生前、家族守護の拠り所にしていた香炉から、持参した新香炉に灰を三つまみ移し入れ帰宅する。これは、御嶽に鎮まる祖母霊が孫娘家に再生する依代《よりしろ》として香炉が用意され、霊の継承の準備ができたということを意味する。

祖母霊の継承者は孫娘であるが、その継承には順位があって、

長女——父の亡母親
二女——母の亡母親
三女以下——父母の母親の亡姉妹等

という決まりで継承される。

孫娘たちは祖母霊《ウプティシジ》の香炉を継承したイザイホーの一日目の夕刻、洗い髪に白装束で、シマの祭場である久高殿《トウン》に設定された他界空間ともいうべき「籠《こも》り小屋」（七ツ屋という）に、その前に掛けられた「七ツ橋」を渡って入っていく。そこでそれぞれの祖母霊と会い、「夜籠り」がおこなわれる。それが三日目になると、孫娘たちはそれまでの白色の内衣の上からウプジン（大きい着物の意）という白色の神衣を羽織り、髪は結い上げたものに銀の簪《かんざし》をさし、頭には白《シ》ハチマキ《ルサージ》をしめ、籠り小屋からこの世の庭《ミャ》に登場する。この姿は祖母霊を頭部に憑依させている状態を表している。

このときから孫娘は成女《ナンチュ》と呼ばれ、守護力が備わった神女《タマガエー》になる。以後祖母霊は、孫娘の要請に応じ、孫娘家の香炉に依り、または孫娘に直接憑依し、この世に再生顕現することになる。その家の主婦である孫娘からすれば、祖母霊の守護力を背景にして家族の平安を祈り、そうしてノロがおこなう祭祀に参列することになるのである。

しかし、祖母霊の守護力の根拠とはどういったものであろうか。

守護力の根拠

守護霊の鎮まる御嶽《ウタキ》を女性たちのみの他界と考えていること、祭祀の主体が女性であるということは、その思想の根底に母系社会を拠り所とする思想があると考えられる。

序章でもふれたが、魚介類採取を主とする生活では、男性が能力を発揮することはあまりなく、これに対し子を産み育てる能力は女性の優位性の根拠になっていた。子供は母親に属し、男親との関係は制度化されていなかった。そうして母親が子供に乳を与えて育てるという愛護の行動のインパクトは成長しても子の側の潜在意識に残り、母と子の絆が保たれていく。生前そうであるように、死後はさらに不可視の力が愛護性に加わり、子供たちを守ってくれる存在になると考えられた。やがてこの考えに儀式性を加え、今日のような祖母霊の守護性が明確な形になっていったのであろう。

母性の絆に発する守護力は、実際は母親をはさんで、祖母から孫娘へと継承されていく。そのとき、祖母霊の守護力が現世にはたらくのは一代で終わり、役目が終わった祖母霊は帰属御嶽に鎮まる。守護力は三代ごとに完結し、一代重なりながらまたつぎの三代へとつなげられていくのである。

くりかえすと、守護力の根拠は愛護というものである。孫娘は祖母に生前可愛がられた体験があり、この心情が守護力の根拠になっている。つまり、親を心情で認識できるのが三代ということである。したがって父系制のように何代にもわたって父祖を積み上げるという発想はない。これは、親の権威というより、愛護という純粋な心情のみが守護力を成り立たせているということなのである。

この母性的守護はそれを継承する主体の心情で成立していて、主体が不在になると守護力も消えることになる。つまり守護力も守護神も主体の心情の中に存在しているのである。

なお最高位の神職者であるノロや根神《ニーガン》、ウメーギ、それにムトゥ神の女性神職者の場合は、神職者としての守護神と個人としての守護神との、二つの守護神を継承しているが、神職者の守護霊は生きているあいだだけである。神職者の死後、その魂は祖母霊《ウプティイシジ》のもとに行って鎮まる。この考え方からも、久高島の神意識、守護意識は母性を基本としていることがわかる。

妹の力

久高人の意識では、兄と妹の関係は特別な、聖なる関係にある。このことは儀式を通して表現されている。

兄と妹の関係を象徴する儀式は二つある。一つ目は、イザイホーのときである。

まず、イザイホーの儀式をすることが決まった妹《ウナイ》に対して、その兄《イシキャー》は儀式のときに身につける神装一式分の白色の木綿の布地を贈る。そうして、イザイホーを迎え、三日間の夜籠りを伴う厳粛な儀式を経た三日目に、祖母霊を司る資格を得て守護力の発揮者となった妹は、兄の待つ我が家に、ノロやハタ神《ガミ》（先輩神女。前回のイザイホー経験者）に伴われて帰っていく。同家では家族の者、親戚の者たちが儀式の準備を整えている。

上座である一番座に緑のススキを束ねた敷物がおかれ、その前に兄が座している。妹は髪を結い上げ銀の簪《かんざし》をさし、白ハチマキ《シルサージ》をつけ、その上からつる草で作った冠《ハブイ》をかぶり、前頭部には赤、白、黄色の紙で作ったイザイ花を挿《さ》している。内衣は白の胴衣《ルジン》と下袴《ハカン》をつけ、外衣はウプジンと呼ばれる白色の神衣を羽織っている。この神装は、前にも記したが、祖母霊が妹の頭部に依り憑いている状態を表している。つまり妹はただの妹ではなく、祖母霊の守護力を発揮する存在なのである。

ノロに伴われて座敷にあがった妹はススキの敷物に座し、その兄と対座する。妹は合掌をしたポーズである。兄は左耳にイザイ花を挿している。やがて兄は妹に用意されたサルマユーという お粥《かゆ》の椀を、ぶじ神女になった祝いの気持ちを込めて差し出す。妹はこれをいただく。

この場面に象徴されているのは、守護力を備えた妹がこれから兄に象徴されている男たち、兄を含めた夫や息子を守る存在になったということである。

この兄と妹の儀式中、同行してきたハタ神たちはその家の庭に並び、身体を左右にゆっくりと揺らしながら、静かな調子の神歌《ティルル》を歌っている。

神女となった妹に兄はサルマユーをふるまう
(〈イザイホー・アサンマーイ〉1978)

タマガエーヌ　(神女〔妹〕の)
ウプティシジ　(祖母霊)
ウリティ　(降りて)
モーチ　(来て)
イシキャートゥ　(兄と)
ユシキャーチ　(対面した)

兄と妹が儀式に登場する二つ目の場面は、今度は、兄が六十歳を過ぎて海の神を司る神職者ソールイガナシーに就任する式のときである。

ソールイガナシーに就任する者の妹は、その名代として、兄が引き継ぐことになるソールイガナシーの家を、留任するソールイガナシーとその妹とともに訪問する。そして、引退するソールイガナシーから、海の神の礼拝の拠り所である灰の入った香炉を手渡される。妹はその香炉をお膳に据えて受け取るとしっかりと胸元で持ち、先頭にたって兄の家に向かう。留任のソールイガナシーも役職のシンボルである竿を担いでその妹とともに後につづく。兄の家に着くと妹は香炉を兄に手渡す。そうして兄の就任儀式が終わるまで、兄のそばに座している。

それから、これは儀式ではないが、兄は、妹の後頭部の髪の毛三本を船の守り神として祀っている。これを船魂《フナダマ》という。このように、妹が兄の守護神なのである。とくに船魂の例では、妻は夫の守護神になれない。

なぜ、妻が夫の守護神になれないかというと、つぎの二つの理由が考えられる。

①妻と夫は日常生活上最も俗な関係にある。これに対し、妹はだいたい別居しており、妻よりも俗性がない。そして同じ血をひいた間柄にある。

②子産みの神話を持つ久高島の開祖が妹と兄であったという神話にならった。

ところで、ここで注意したいのは、妹はたしかに兄にとって守護神的存在であるが、妹が兄

妹が兄と対面するとき、同行してきたハタ神たちや同僚神女たちは同家の庭でゆったりと神歌を歌っている。なお、兄が不在の者は、弟か従兄弟などが「兄」として儀式に立ち会う。

を守護する内容の神歌《ティルル》、祝詞《ムチメー》の例が少ないし、家レベル、シマレベルの祭祀の中で守護する場面はほとんどない。妹は日常では兄の守護を祈ることはあまりなく、妹は自分の夫や息子の守護を祈っている。一方兄の方も、常に自分の命運を心配し守護を祈ってくれる妻と母が存在するわけである。

しかし、守護される側である兄が航海中に非常事態が発生したときなどに、守護をたのんで祈る対象となるのは妻や母ではなく、妹である。つまり、守護には二つの型があることがわかる。兄のためにその妻や母が祈るときと、兄本人が非常事態時などに際し妹の守護力を期待して自ら祈る場合である。このとき兄にとって妹は守護神そのものを意味している。

しかし、儀式では妹が守護をたのまれる存在として考えられるが、妹は妻の立場、母の立場としても、家を護る神女として守護力を発揮する。これを象徴的にいえば、女が男の守護者ということになろう。

神女の資格

神女になる儀式イザイホーの中で、あの世とこの世をつなぐ「七ツ橋」を渡るとき、神女の中で浮気をした者は橋から落ちるといわれていた。久高島で貞操性を重視するようになったのがいつごろからかはわからない。ともかく神職者になる者は、まさしく貞操性が問われることになっている。

男女を問わず、神職者に就任する者で浮気をした者は神の許しを得る儀式をおこなわなければならない。この儀式が〈ペールリ御願《ウガン》〉である。ペールリはヘージュリが訛ったもので、ヘージュリは意味不詳だが、ジュリは遊女の意、つまり、浮気者ほどの意である。

浮気とは、婚前婚後を問わず配偶者以外の者と性交渉を持つことである。合意の場合でも強制された場合でも、再婚した場合も含み、厳格なものである。女性の場合、ある年齢になると神女になるので全員が対象になる。女性だとイザイホーをする前、男性の場合は神職者に就任する前に、当人などの告白によって御願がおこなわれる。

浮気をした者は神女《タマガエー》になることはできない。このことからしばしばイザイホーが貞操試験であるといわれ、その理由として男たちが漁労のため半年もシマを留守にするから厳しくいわれるのだと説明された。しかし、男たちの長期遠洋漁労はそれほど古いことではないし、それ以前にイザイホーが始まっていたことを考えると、これは単に貞操試験であるというのは当たらない。私は、男女の性の問題というよりも、もっと別の次元の、世界は一対の男と女から成り立っているという世界観が基本にあってのことだと思っている。

久高島では、太陽は男、月は女と一対で考えたし、さかのぼれば神々も男女二神というのが原則であった。主婦がイザイホーをして神女《タマガエー》になるというときに、この男女の原則を考えるのは当然といえる。神々の世界において形の上の夫婦だけでなく、もっと純粋な男女の一対でなければならないと考えたのではないだろうか。

イザイホー資格者の中にもし浮気をした者がいる場合、まず当人の意志でノロに告白がなされる。すると、その者の家でクニガミたちの参列のもと、根人《ニーチュ》によって神に対する許しの御願のペールリ御願がおこなわれ、その後イザイホーへの参加が許される。

しかし、浮気は恥ずかしいというので告白せず、隠してイザイホーに参加するケースが多いといわれている。こうしたイザイニガヤー（イザイホーをおこなう者）は常々、七ツ橋渡りのときに橋から落ちるといわれていることもあり、大変な精神的プレッシャーがかかったことだろう。また、浮気を知っている同僚神女がひじで突き落とそうとする例もあったという。

もうひとつ、イザイホーを受ける資格のない者として妊婦がある。この場合は、お腹の中の赤ちゃんが男児であった場合を恐れてのことであるという。これは男は御嶽に入ってはいけないということから出た考えであろう。

なお、ペールリ御願については、年老いてから受けるケースがあり、また生きている間じゅうは隠しとおしたが、死後その祟りが子孫に出た場合、子孫がペールリ御願をするケースもある。死後の場合でも御願は同じ要領である。

死者は先代や先々代といった場合はもちろん、今から五百年ほど前、ノロ制度が施行される前の時代に王と恋をして命を断ったクゥンチャサンヌルという神女も、最近になってこの御願《ウガン》をしている。これにまつわる物語については、第五章で紹介する。

神となって歌うティルル

久高通いをして二年ほどたったころ、つぎの年である一九七八年に迫ったイザイホーで歌うことになる神歌《ティルル》を、祭列の先頭に立ってリードする西銘シズさんに、「歌って聞かせてください」と不用意にいってしまったことがあった。すると、シズさんはいつになく真剣な表情で、「神の歌はその場にならないと歌えない。その刻《とき》になると自然に神が歌わせてくれる」といった。

そのきっぱりとしたシズさんの態度で、私は自分が久高島の神々の世界を充分理解していなかったことを思い知った。祭祀で神女たちが神歌を歌うときは、神女に守護神《シジ》が憑依していて、それによって現人神《あらひとがみ》となって神詞《コトバ》を歌うのである。つまり、シズさんが指摘するように「神に歌わされている」ことなのである。しかし、昨今では神歌をプリントしたり、あるいは歌うことさえおこなわずにテープを流してすませている集落《シマ》もあり、つい私も神歌を安易に考えていたところがあった。

話はさかのぼるが、神歌が決まった形になったのはノロ制度以後のことであろう。それまでは、儀式が定期的におこなわれることもなく、もっぱら個人の命運を司る超能力者、目に見えない異界や神霊と交信する力を持つシャーマンが、個々の儀礼に応じて憑依した神霊の神詞を発していたと思われる。おそらくそのときの神詞はそれぞれのケースに応じたもので、ノロ制度以後の神歌のように決まった形ではなかったと考えられる。

神霊の発する神詞のリアリティは不定形のときの方が強かったことは確かであろう。神歌を定形化することによって作為性が加わり、神が発するというリアリティは弱くなったと考えられる。しかし、久高島では少なくとも意識として、神歌は神に歌わされているという状態を保ちつづけていた。

それではここで、神歌を歌う実際の場面を見てみよう。

〈正月のヘーナガーキ〉——

旧暦一月元旦早朝、シマの中心祭場の外間殿《フカマトゥン》で、ノロ以下全神女たちの新年の儀式がおこなわれる。外間ノロやムトゥ神は平素よりも上等な神装束である。のりの効いた木綿の白衣を羽織り、内には濃紺《クゥンジー》の着物を帯でしめる。そのほかの神女たちも真新しいクゥンジーを羽織っている。みな、髪は結い上げ銀の簪《かんざし》をさしていて、足元は真っ白な足袋に草履である。

屋内での儀式が終わると、神女たちは庭《ミャ》と呼ばれる殿《トゥン》の前の広場に出て、神歌を歌う。外間ノロとそのウメーギを先頭に、その後方にムトゥ神、さらにその後方に神女たちが八列横隊に年齢順に殿《トゥン》に向かって並ぶ。一九七六年には総勢六十人であった。

まず外間《フカマ》ノロが太鼓を捧げて拝し三回打つ。それをウメーギに渡すと、外間ノロは「ヘーナガーキ」と称する神歌《ティルル》を歌い出す。ウメーギが太鼓を打つ。外間ノロが一節歌うと他の神女は手を合わせる仕草でリズムを取り、復唱《ウィレー》をする。二拍子の単調なリズムである。しかしシマ中に響きわたるこの神歌は、新たな年の栄えをシマ人に予感させる力を持っている。

神歌の内容は、新年にあたってシマを祓《はら》い潔《きよ》めシマ人の無病息災を祈るというもので、以下がその前段の一部である。

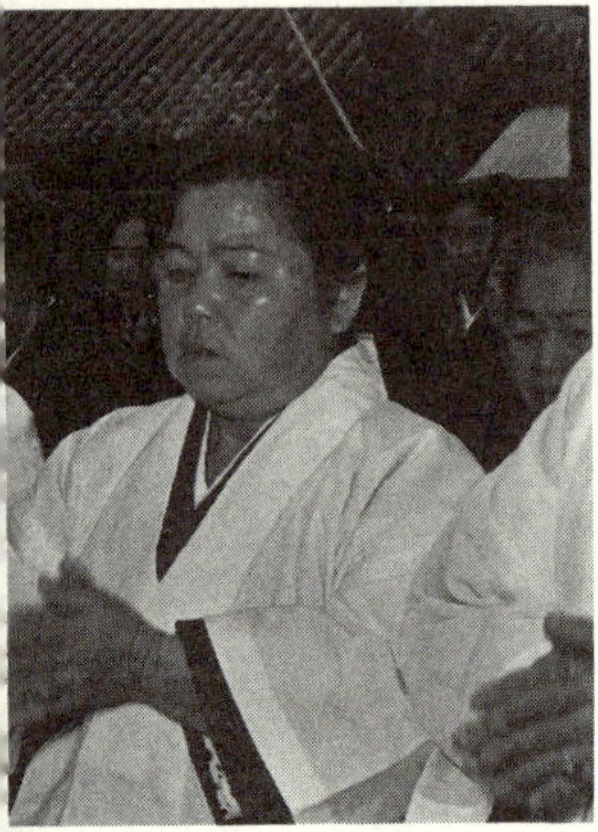

ミチャウイ　(三日前から)
ユカウイラ　(四日前から)
ムトゥハラ　(各ムトゥから)
アサンハリ　(各家から)
ウプグゥロータ―　(既婚の男)
シマリータ―ガ　(未婚の青年たち)
ムムハメーヌ　(儲けの)

中央の外間ノロに合わせて神女たちが復唱するヘーナガーキ。
太鼓を持つのが外間ノロ・ウメーギ（〈正月〉1976）

チヂトゥヤーイ　　　（お初をとり）
ハナトゥヤーイ　　　（お初をとり）
ムラガシラ　チューガシラ　（村頭）
ウプグゥローター　　（既婚の男）
ティガバカイ　　　　（手を添えて計り）
マシバカイ　　　　　（マスで計り）
ミントゥシヌ　　　　（ミン年の）
フガニドゥシヤ　　　（良い年は）
チューヌビーヤ　　　（今日は）
ショーグヮチヌ　　　（正月の）
グヮンタンヌ　　　　（元旦の）
クガニビーヤ　　　　（良い日は）

外間ノロはこの日はいつになく緊張していて、歌い出しから声の調子も高く、二十分ほどつづいた神歌の途中から声がうわずり、呼吸も苦しそうなトランス状態になった。
神歌《ティルル》の中でも「我が神の親サメー《ワガハミヌウヤ》」と歌っているように、神歌は外間《フカマ》ノロの守護神《シジ》が外間ノロに憑依しその口を借りてその神詞《コトバ》を発しているということである。神歌の前に太鼓を打つのは、守護神が外間ノロに憑依することを表していると考えられる。
外間ノロの神歌を歌う状態は演じるといったレベルではなく、神に歌わされている状態にあることは、復唱する他の神女たちの厳粛な表情からも感じとれた。

つぎは凝視することがはばかられるほど厳粛さに満ちている場面である。

〈神送り〉――

髪は結い上げ銀の簪《かんざし》をさしている。内衣から外衣まで真っ白な着物。外衣は帯をせず胸元でコブを作りひもでくくって結んである。裸足の足はしっかりと地面を踏んでいる。ひきしまった熟年の気品のある顔、両手は袖の端を握り持ち、その袖を左右にあげながらゆっくりと身体をゆらし、どこか哀調のある神歌を内に込めるように静かに歌っている。まわりの神女たちもこれに和している。――

これは、旧暦の四月と九月におこなわれている〈ハンザァナシー〉という、ニラーハラーから神々が来訪してシマを祓い潔める祭祀で、ニラーハラーの最高神の一神、東リ大主《アガウプヌシ》が二日にわたる儀礼を終え、ノロはじめシマの神女たちに見送られニラーハラーへ帰っていく場面である。いうまでもないが、ここで歌われている神歌も東リ大主がその神役をつとめる者に憑依し、自らの神詞を神役の口を借りて発しているということである。神役からすれば神に歌わされている状態といえる。このことは東リ大主をつとめる神役はじめ、ここに参列している全神女がそう受けとめ、信じている。

最後に、イザイホーを見てみたい。

〈イザイホー〉――

イザイホーは本祭りだけで四日間に及ぶもので、この四日間の儀式ではほとんどの場面で神歌が歌われていて、イザイホー祭祀は神歌に導かれて展開されているといってよい。したがって、その神歌は長大なものである。この長大な神歌を、外間ノロ、久高ノロ、根神《ニーガン》と、それぞれを補佐するウメーギとの六神役が主唱する。それを他の神女たちが追唱して歌われる。

しかし、一九七八年のイザイホーのときは、外間ノロとそのウメーギ、久高ノロの三神役しかおらず、ほかは欠員であった。このため、常に祭列の先頭に立って祭祀をリードする外間ノロのウメーギである西銘シズさんの責任はとくに重いものとなっていた。それでも、イザイホーの前に神歌の練習をするということもなかったし、シズさんはその刻《とき》が来たら神が歌わせてくれるといっていたが果たして大丈夫だろうかと、私は少し心配していた。ところがいざイザイホーが始まってみると、シズさんはほかより一音高い澄んだ声で長大な神歌を歌い全体をリードし、厳粛でしかも格調高く、みごとにイザイホーの全日程を終了させた。これはやっぱり、「神が歌わせている」という強い思いがないとできることではない、まさに神のわざであると私は思った。

「歌わされている」という状態は、神が生身の人間に憑依合体して、その生身の人間である神職者の口を借りて神詞《コトバ》を発するということである。神歌《ティルル》とはこの状態でこそ神歌である。神との必然的関係にない者、つまり神職者でもない者が神歌をなぞったり、記録したものを読んだりしても意味がないのではないか。ましてや記録されたものなどはすでに本来の意味の神歌、つまりある刻《とき》と場所の一回性の中で、そこに生きる人々を救済する力を備えたものとしての神の詞ではない。

しかし、西銘シズさんのような当事者にとって当然のことを、よそ者の私は思いいたらなかったため、つい「神歌を聞かせてくれ」ととんでもないことをいってしまったのであった。

第三章——海神からの贈り物

祭場に向かうソールイガナシー

漁労祭祀を司るソールイガナシー

久高島では、ムトゥ神が男神であろうと女神であろうと、それを引き受ける神職者は女性が担《にな》っている。それは女性が神霊を憑依することができる存在だからである。これに対して男性はそれができない。おそらく、女性が子をはらむ存在であり、そのことから神霊も憑依させる能力があると考えられたのだろう。つまり、女性は現人神《あらひとがみ》になれるのである。

近年になって、男性がムトゥ神を担うケースがあるが、これは本来の形ではないだろう。しかし、ノロ制度以後、シマレベルの祭祀をおこなうに当たって必要上、男性も神職を担うことになった。ノロの対《クサイ》になる根人《ニーチュ》と、麦、粟の神酒《みき》を管理し、神女たちに配分するニブトゥイ（ニブは杓子、トゥイは取るの意）、それに漁労祭祀をおこなうソールイガナシーである。もちろん、男性神職者は現人神になれず、祭祀では女性神職者の補助的立場にある。

ソールイガナシーのソーは竿の意、ルイはトゥイが訛ったもので取るの意、ガナシーは敬称であって、つまり「竿取者」（竿を取る者）の意味である。その職のシンボルとして、竿と、網をかたどったものと、船に敷く板であるサシカを持っている。竿は長さ三メートル位、根元が直径三センチ位で先細りになっている。この竿は、沖縄独特の刳《く》り船《ぶね》であるサバニの操船に使われる。この竿取者という神職名も漁労のリーダーというイメージが反映されている。

ソールイガナシーは〈竜宮神《リューグウシン》〉という海の神を司り、漁労にたずさわる男たちを代表する神職者である。竜宮神は、シマの北端にあるカベールムイ（カベールの森の意）に鎮まっている。神名を〈タティマンヌワカグラー〉（タティマンは二頭ほどの意、ワカは若い、グラーは男子ほどの意）といい、その神姿は二頭の白い若駒である。

この神は、壬《みずのえ》の吉日、早朝にカベールを出て島を一周するといわれている。外間《フカマ》ノロ家の南すみにフクギの古木があるが、このフクギの古木は、若駒がシマまわりの途中に立ち寄る場所となっている。若駒を見たという人の話が伝えられているが、それによると、真っ白い鬣《たてがみ》を風になびかせ飛ぶように走っていたという。また若駒に出くわすと不吉であるともいう。竜宮神がなぜ白馬の神姿なのかは不明であるが、それにしても美しい神のイメージである。

ソールイガナシーは、祭祀の裏方である村頭《ムラガシラ》という、五十代でつとめる役職を終えた、久高で生まれ、居住している健康な男性が年齢の順おくりで就任する。ソールイガナシーは二人いて、それぞれ外間側の祭祀圏と久高側の祭祀圏に属する。

任期は二年間で、一人ずつ隔年交替、これは前任者が新任者を指導するという継承の仕組みになっているのである。年齢で事前に候補者はわかっているが、根人の指名を受け、盛大な儀式のうちにおこなわれる。前任者、後任者の先輩・後輩の序列は厳格で、祭祀のとき、後輩は常に先輩につき従っている。

ソールイガナシーの正装は、黒か、濃紺の着物に普通の帯を二巻にして後ろ結びで着流し、中折帽をかぶり、草履ばきである。近年、ハチマチと称する首里氏族の角っぽい帽子を復元してかぶるようになった。正装しているときにはどんな人にも頭を下げず、毅然としている。

ソールイガナシー家には、一番座の南すみに就任と同時に板棚が作られる。棚には竜宮神《リューグウシン》への礼拝の依代《よりしろ》としての香炉、コップ、茶碗、お膳などの祭具、それに網やサシカのひながおいてある。また庭先東すみに御殿小《ウドウングワ》という、アダンを植樹して作った竿立てがある。そこに、毎日、朝、昼、晩の三回、朝昼はお茶、晩は酒を供えて礼拝を欠かさない。

また、初壬《みずのえ》の日の早朝には、先輩後輩そろって、潔めの井泉ミガーに禊《みそぎ》にいく。

ソールイガナシーは就任したら外泊は許されず、また時間的に拘束される仕事にはつけない。生活がかなり規制され、神に仕える者としての自覚と態度が生活のすべてにわたり強く要求される。

ソールイガナシーはノロ司祭の祭祀にも参列するが、座して見守るだけで参加はしない。また自分が先にたっておこなう行事は、実際の漁労を伴うものが主である。豊漁祈願のとき、実際の儀式はノロとヤジクたちに依頼する。つまり、ソールイガナシーは、女性の神職者のように、神霊を憑依させその守護力を発揮するというものではなく、漁労の責任者というのがその本質である。

イラブー漁

今日では、生き物がそれぞれ生存していくメカニズムは科学的に研究され、一般的に知られている。しかし、以前は生き物は未知なるもの、神秘なものとして受けとめられていただろう。久高島でも生き物の存在は神秘的なものとして考えられていた。とくに毎年定期的に島の海岸に寄ってくる「イラブー」と「キスク」は、ユイムン（寄り物）といわれ、神からシマ人のために贈られてきたものと考えられていた。

イラブーとはエラブ海蛇のことで、毎年旧暦六月から十二月のあいだが産卵期でシマの海岸にくる。キスクはアイゴという魚の稚魚で、毎年旧暦六月から七月のあいだに、沖で生まれた稚魚が遠浅の海イノーに繁茂する海草を目当てに、群をなして海岸近くまで寄ってくる。シマ人はこの寄り物をありがたく受け取る。

イラブー漁の歴史は古く、ノロ制度以前からあったといわれている。イラブーを獲る権利は昔から久高ノロ家、外間《フカマ》ノロ家、外間根家《ニーヤー》の三家に決まっていた。この三家は、久高島のシマレベルの祭祀をするミアムトゥ（三つのムトゥの意）と呼ばれる特別な家である。

イラブーが産卵に寄りつく地形は、サンゴ石灰岩が隆起し、比較的水深が深くなっている海岸で、岩石の狭間にできる砂場があるところである。このような海岸は西側と、南側の港入り口にある。西側には外間《フカマ》ノロ家と外間根《ニーヤー》家の漁場、港入り口の漁場は久高ノロ家であるが、一番よく獲れるのは久高ノロ家の漁場である。

漁場を「イラブーガマ」（ガマは洞窟の意）とか「アナグゥチ」（アナは穴、グゥチは口の意）と呼んでいる。一九八〇年代ごろは、久高ノロ家だけが、イラブー漁をおこなっていた。

実際にイラブー漁をするのは、久高ノロと二人の村頭《ムラガシラ》の妻たちの、女性三名である。久高根人《ニーチュ》と二人の村頭の男性三名は、イラブーの燻製処理のときから参加する。

漁の時期は、旧暦六月初旬から十二月下旬までで、最盛期は八、九、十月である。日は九日から十一日の小潮のときがよく獲れる。時刻でいうと、夜の潮の満ち始めるころと潮が引き始めるころである。漁の時期になると、先の三名の女性たちは毎晩イラブー漁をすることになる。イラブー漁のために作った小屋で仮眠し、潮を見はからって漁をする。

イラブーは素手で首根っこを押さえて獲る。使う道具は懐中電灯（昔は松明だったが）と布袋だけである。イラブーは海蛇で、ハブよりも強い神経性の毒があるが、毒牙は口の奥にあり、性質はおとなしいため危険は少ない。

イラブーは場所の状態によって獲り方がちがう。岩と岩のあいだの波の打ち寄せるところでは、波が打ち寄せてくると同時に、波に手を勢いよく入れる。また大岩の下に畳一枚ほどの波の打ち寄せる砂場があるが、そこは地の底のようになっていて真っ暗闇である。そこでは腹ば

燻蒸されるイラブー（エラブ海蛇）

イラブーを加工するバイカン小屋

いになりじっと耳をこらしていて、イラブーがサラサラと這い上がってくる音を聞いて獲る。また交尾のため一匹の雌イラブーに数匹の雄が絡みついている場合がある。そんなときはまずイラブーの上にどっかと座り、お尻で押さえておいてから一匹一匹、首根っこをつかんで獲る。蛇を手づかみにする光景は異様であるが、当人たちは慣れていて、むしろ獲った喜びは大きいという。一晩に何十匹も獲れることはまれで、普通は数匹である。

獲ったイラブーは生きたまま袋に入れ、久高ノロ家の小屋に保管しておくが、陸上でも数十日生きている。獲ったものが百二十匹から百四十匹といった一定量になると、男たちが中心になって、「バイカン小屋《ヤー》」と呼ばれる専用の燻製小屋で、ていねいに燻製処理をおこなう。かなりの技術を駆使して、数日間かかる。

とぐろ状とステッキ状に燻製されたイラブーは、強壮剤として那覇の市場に出荷される。売上は従事者六名に平等に配分されるが、一人数十万円になるそうである。一九七〇年代頃の話である。西銘シズさんの肝いりでイラブー汁を食べたが、思ったより淡白で、汁もかつおだしのものに似ていた。

イラブー漁を始める前と漁が終わった後に、久高ノロが守護神に対して礼拝をおこなう。しかし最近では、久高ノロが不在のため、伝統的なイラブー漁はおこなわれず、一般のシマ人が漁をする状態になった。

キスク漁

アイゴの稚魚であるキスクは、沖縄全体ではスクガラスといわれている。その漁は、ソールイガナシーの采配でおこなわれる。キスクが寄ってくる日は、第一回目が旧暦六月一日から三日で、ときには四、五日も寄る場合がある。第二回目は六月二十七日、二十八日、七月一日から三日ころまで。これ以外にも八月に入ってから寄る場合がある。

ソールイガナシーはキスクが寄るころになると、海を見まわる。これを〈キスクマーイ〉(マーイはまわるの意)といっている。

キスクはその年に就任した新ソールイガナシーに対する海からの贈り物で、豊漁・不漁は新任ソールイガナシーの功徳に左右されるという。大漁なら徳の篤い人といわれ、不漁なら信仰心が足りない人とそしりを受けることになる。したがって、新任のソールイガナシーにとってこのキスク漁は緊張をともなうものである。私が出会った数人のソールイガナシーの中に不漁の者がいたが、当人はもちろん、家族の者までシマ人の評価に気遣っていた。

第一回目六月一日から三日、第二回目七月一日から三日の毎回、早朝に、正装した先輩、後輩の二人のソールイガナシーが、集落の辻々で「寄り物を獲りに出てください」とシマ人に知らせる。この知らせによってシマ中の男たちがいっせいに漁に出る。キスク漁は親戚同士、友達同士などで思い思いに組を作り、船と網を使っておこなう。キスクの群がいれば漁は一日中でもおこなわれる。

ソールイガナシーは、シマ人たちのキスク漁のあいだ、浜で待機している。また、漁に出ている男たちの家族の者たちも浜で待っている。

大漁のときには、浜は市場のような活気にあふれる。獲ったキスクは各組ごとに、まずソールイガナシーにわたす。ソールイガナシーはこれを集めて、ノロやほかの神職者の家に届け、一部は塩漬けにして祭祀の神饌にする。漁に出た者には平等に分配され、今はほとんど売っているが、以前は塩漬けにして大切に食べたといわれる。イモや豆腐と一緒に食べるとおいしい。

もちろんキスク漁は、久高島だけではなく、沖縄の海村のいたるところでおこなわれている。しかし久高島のように儀式をともなったものではない。

第四章——神々の鎮まる場所

御嶽・アグルラキにて（〈フバワク〉1975）

始祖神の館

ムトゥ（草分家）は一対の男女からなる一軒の家からはじまった。やがて子孫が増え、分家が生じることによって、分家した子孫からは、最初の家、つまり自分のルーツの家を始祖家とする認識が生活の中で継承されていった。

初めのあいだは個々の自然な感情であったろうが、末裔《まつえい》が増えていくうちに始祖家への帰属意識も高くなっていく。そうして五百年前に首里王府による支配という外圧を受けたときに、始祖家への帰属意識が強められていった。シマ全体の中で始祖家を位置づけるという考えが生じ、始祖家の由来とそれぞれの関りを明確にしていったのだろう。そのとき基本となったのが、集落の一番北側にある一群の古《フル》ムトゥである。

八つの古ムトゥは序章で記したように、島創り、人創り、穀物伝来の神話を持っている。その始祖神はだいたい男女二神であるが、夫婦という認識は希薄である。久高人の始祖と考えられている男女神は兄と妹であったし、古ムトゥの時代に女たちは現在の夫というような形の配偶者を持たなかったと思われる。

古ムトゥも最初のころはその末裔が住んでいたが、だんだんと代を重ねていくうちに居住する末裔がいなくなることも出てきて、現在では外間《フカマ》根家《ニーヤー》の一軒を除いて空家になっている。祭祀のときだけ子孫たちが集まってくるが、始祖神を司る神職者が不在のところは、子孫たちの集まりも少なく、一軒は建物もなく屋敷地だけになっている。

ノロ制度が導入されたころに、集落を東西に二分する形で、それぞれの領分の中心になるムトゥができていた。それが東側の外間根家、西側のタルガナー家である。そして外間根家から、シマ全体の祭祀の司祭者の外間ノロが出て、首里王府によって任命され、それと同時に〈外間殿《トゥン》〉という久高島の中心的祭場を持った。またタルガナー家からは久高ノロが出て、外間殿に準ずる〈久高殿〉という祭場を持った。

両祭場とも庭《ミャ》と称する祭祀のための広場がある。

ムトゥの神々は、もともと居住空間の一隅に祀ってあったが、外間根家では、戦後になって、住居とは別棟に現在のような拝殿と称する建物を建てた。木造平屋の十坪程度のもので、そこに始祖神をはじめとする神々の依代《よりしろ》である香炉をうつした。

タルガナー家は、一九七八年ごろに宮《ミャ》と称するブロック造平屋の三坪ほどの建物を作り、始祖神を移した。そのほか、島創りと穀物伝来の神話を持つ二軒の古ムトゥのイチャリグヮ、大里《ウプラトゥ》家も、住居と別棟に始祖神の香炉を移して祀っている。

古ムトゥより時代が下ってできた家群を中ムトゥというが、このムトゥ神は女神が多く、男女一対でなければならないという意識はない。現在は、十八軒の中ムトゥのうち三軒が空家になっているほかは末裔の居住者がおり、始祖神の香炉はとくに建物を建てることもなく、住居内に祀ってある。

これまで述べてきたように、久高島のムトゥは、父系意識はなくむしろ母系意識が強い。ムトゥの系譜も、伝承と祭祀を通してシマ人の心情で受けとめている。したがって、受けとめる者が不在になると、始祖神も不明確になっていってしまう。

近世に首里王府が中国より入れ、今では県内全域に広がって定着している父系をたどる祖先信仰は、家譜を作り祖先を権威化、美化する傾向にある。これに対し久高島のムトゥは、必要以上に始祖を美化したり権威をあたえることはない。ちなみに「ムトゥ」は根っこ、根源の意である。

カマドと火神《ヒルカン》

今、多くのところでは、薪を使って火を燃やす「カマド」はほとんど日常生活から消え、ガスや電気を使うコンロになっている。以前の薪を使う生活よりははるかにらくになり、台所も見た目にスマートになった。かつての台所は、薪をくべて火をおこしたから、燃える炎、薪がはじける音、あがる煙などで、いやがうえにも、火で煮炊きをしているという印象があった。これに対して、今の台所は、スイッチを操作するだけでことがすみ、居間と同じような雰囲気になった。そのために、火で煮炊きをしているという印象は、かつてのカマドの時代に比較してうすれている。またこの台所の形の変化は、火に対する感謝の気持ちも失わせてしまった。

それが久高島ではどうなっているかというと、今では、プロパンガスのコンロにかわり、台所もスマートになっている。しかしガスコンロの普及も一九七二年の日本復帰以後のことで、それ以前は石油コンロであり、終戦直後までは薪のカマドであった。近年の生活改善運動で、粘土やコンクリートで作ったカマドが普及したが、それ以前のカマドは、東海岸からとってきた自然石三個を立てた、ほとんど人の手を加えない簡素なものだったのである。

このような石三つ式のカマドは、築二百年余になるハマメンダカリ家に残されていて、最近まで実際に使われていたとのことであった。なお、この古家の台所は、母屋と棟が別になっている。台所は土をそのまま固めた状態の土間である。母屋の方は、一番座、二番座、裏座からなる田の字の形をした間取りになっているが、この形式は、久高島独自のものではなく、沖縄本島で近世以降に一般的になった間取りである。この古家で見ても、住居の原型は、新しい形式の母屋を除いた、残りのカマドのある棟の部分であったと考えられる。つまり、カマドを中心に据えたひと間が家の原形であった。

このカマドをかこむ者たちが家族である。おそらくそのときには、カマドや火との距離が近いだけ、カマドによって家族が成り立っている意識は自然にあったと考えられる。また食事を炊き家族を養うカマドに対して、感謝の気持ちがおこるのも自然であったろう。いつのころからか、このカマドを火神《ヒルカン》と呼び（または〈ウカマガナシー〉ということもある。ウカマはカマドの意）、家族を守る存在にみなしていった。

　現在の久高島のコンロ式の台所では、火神は灰を入れた陶器または磁器製の香炉を置いたものになっているが、カマドの時代は、主食煮炊き用の石三つ式のカマドそのものが火神であった。今でもこのカマドがそのまま火神になっているところは、前記ハマメンダカリ家、それに古ムトゥでは外間《フカマ》根家《ニーヤー》に付属する祭場の外間殿《トゥン》にあるものである。このカマドでは神饌の煮炊きが以前と変わらずおこなわれている。

　ほかの古ムトゥの火神は、石三つ式のカマドに、湯沸しなどを据えた小さいものになっている。神饌の湯茶はこの小カマドの火神を使っている。

火神、すなわちカマドは家族の成り立ちとともにあった。家族の生活を守るというはっきりとした機能を持った守護神である。なお、カマドの時代からそれを管理するのは女性であった。今日でもそのことは変わらず、火神を中心に家の守護神を司り、家族の守護を担っているのは女性、主婦である。

　家の守護神には、このカマド神のほかに〈トゥパシリ〉と呼ばれる香炉と〈床ヌ神《トゥクゥヌハミ》〉がある。トゥパシリはその家の「主婦の香炉」であり、この香炉には主婦の亡祖母霊《ウプティシジ》が依り憑くことと、

ハマメンダカリ家にある火神の原形

中ムトゥのトゥパシリ
左はムトゥ神の香炉

床ヌ神

御嶽《ウタキ》に鎮まる亡祖母霊への遥拝の依代《よりしろ》としての機能がある。おそらく現在のように守護神として定型化したのはノロ制度以後だろう。

また床ヌ神は男性当主の守護神で、この守護神は、床の間という建築様式が久高島に取り入れられて以後のものと考えられる。この香炉の守護神は不明で、礼拝の拠り所としてのみ機能する。つまり、両守護神とも火神より新しい。

現在では、〈トートーメー〉と呼ばれる、位牌を祀る棚を備えた家が一般的になっている。この位牌は近世に首里王府が中国からとりいれたもので、儒教思想の、父系をたどっていく祖先観に基づいている。位牌を祀ることは首里王府から発し、全琉球弧に波及して現在に至っている。久高島でこの位牌を導入したのは大正十二年(一九二三年)ごろである。久高島ではその導入が遅かったために、家庭祭祀は本来の守護神が中心で、位牌の祖先は付随的に礼拝がおこなわれているにすぎない。

母神の鎮まる森

久高島の南端部にある現集落は農耕時代以後に形成されたものであって、それ以前の生活の場、休み場が御嶽であったことはすでに述べた。つまり、現集落の古ムトゥからすれば、御嶽はその祖先たちが生活した場所であり、現在もその魂《マブイ》が鎮まっているところである。

そして、御嶽に鎮まる守護力をもつ神霊は母神《ハハガミ》であった。それは魚介類採取時代が母親中心社会であり、護る者が母であったからである。

久高島では御嶽を「ラキ」「ウガミ」「ムイ」「ヤマ」ともいっている。家の祭祀をおこなうティンユタの担当する家をラキというが、このラキはそれと同意の「抱く」であると考えられる。ウガミは「拝み」の意で、御嶽の中心祭場であるフボー御嶽を通称〈ウフウガミ〉（ウフは大の意）、準中心祭場ナカムイを通称〈ウガミグヮ〉（グヮは小さいの意）といっている。ムイは森の意、ヤマは山の意で、これは御嶽の形状からでた言葉である。この言葉どおり、久高島の御嶽は樹木の生い繁った森になっており、神の木といわれるクバが生えている。

御嶽には鳥居もなければ境界を示すような人工の物は何もない。一つの森が漠然と御嶽だと考えられているので、正確な広さもわからない。森の広がり具合で判断するほかはない。祭場になる御嶽には広場と礼拝の拠り所になる自然石と石製の香炉があるだけで、ほとんど自然のままである。

久高島の御嶽はその末裔たちによって、祖先の魂が存在するところとして記憶され、伝承されていた。農耕が始まって開墾をするようになっても、祖先の生活の場、魂の鎮まっている場所として御嶽は残され、あるいは祈願の場所として使われていたのかもしれない。おそらくノロ制度導入後に始祖家の系譜を整えていったように、御嶽も祭祀空間として位置づけをしてい

久高島第一の聖域・フボー御嶽の全景

ったのだろう。

そのとき、現集落の外間殿《フカマトウン》に対応する祭場をフボー御嶽《ウタキ》とし、この御嶽を司る神職者を外間ノロにした。また久高ノロをナカムイ御嶽（フボー御嶽に準ずる祭場）の司祭者にした。このように、ほかの御嶽も、現集落のムトゥに対応させて整理した。しかし、御嶽の祖と末裔は、農耕以後に発生した始祖と末裔の結びつきほどの整合性はない。たとえば、フボー御嶽の祖先は必ずしも外間ノロのシジの出身家である外間根家《ニーヤー》の末裔ではない。外間根家は別の御嶽であるアグルラキとの結びつきが伝えられている。

久高島には祖母霊が鎮まる御嶽は九カ所ある。そのうち水場と対になっているのが二カ所、アグルラキとフボー御嶽である。アグルラキは外間根家の始祖が居住した伝承もあり、この二カ所は明らかに居住跡とみなせるものである。ほかは網干し場であるアンプシヤマ、雨乞い場であるウプンディャマ、西の浜の門番であるアカララキ、イザイホーの祭場である久高殿の背後にあるフサティムイ、鉦《かね》が鳴るといわれているハンザァナヤマ、ニラーハラーへの遥拝所であるナカムイのように、機能が明確になっているが、これらは居住に適していない。しかし祖母霊は鎮まっている。これはおそらく、イザイホー祭祀をするにあたり、神女たちに御嶽を割りふったためと考えられる。

なお、生活跡でもなく、機能もはっきりしないユチンザァナシーがある。

そのほかは、竜宮神《リューグウシン》が鎮まるカベールムイ、ニラーハラーの神の上陸地点であるイシキ泊《ドマリ》、ノロや根神《ニーガン》の始祖《シジ》が鎮まるスベーラキである。

始原の地ニラーハラー

久高島で呼ばれている「ニラーハラー」は、沖縄全般で呼ばれている「ニライカナイ」と同意の言葉である。ニラーのニーは根っこ、始原の意。ラーはあちら、彼方の意である。ハラーは神歌によく出てくる繰り返しの言葉で、意味はニラーと同じである。沖縄人がニラーハラーの言葉から受ける感じは、遠いはるか彼方にある始原の地というイメージである。

なお久高島にニラーハラーと同意の言葉で、「ニラーハナー」「ニルヤリゥーチュ、ハナヤリゥーチュ」がある。ハナーは繰り返しの言葉でニラーと同意、リゥーチュは竜宮と同意で、ニラーハラーの建物をそのようにイメージしているといわれている。

集落から東海岸沿いの農道を約二キロほど行くと、モンパノキが群生したところがある。この木は海浜の低木で、銀緑色の肉厚の葉をダリヤの花弁のようにつけ、まるで潮除けのように生えている。そのモンパノキの群生の中を海浜に出る小道があるが、その小道の脇に、自然石が置かれた小さな広場がある。ここがニラーハラーの最高神の一神〈東《アガ》リ大主《ウプヌシ》〉の神職者が司る御嶽である。この御嶽、イシキ泊《ドマリ》は一七一三年、首里王府が編集した『琉球国由来記』に、

伊敷泊《イシキドマリ》ニ御前

一、御前ギライ大主

一、御前カナイ真司

と記載されているものである。

久高島の伝承では、この御嶽《ウタキ》は、ニラーハラーから神々が神船に乗って来訪するときに、最初に上陸した地点といわれている。この小さい広場の御嶽をおりたところに、イシキ浜《バマ》があって、イノー（礁湖）の水際まで美しい白砂の空間が、ゴツゴツしたサンゴ礁岩のあいだに広がっている。そこに立つと、目の前に遠浅のイノーがひらけ、その先にまるで島を縁どる帯のような白波が立ち、その白波のむこうに濃青色の大海がはるか彼方の水平線までつづくのである。

その水平線の彼方から太陽が昇ってくるが、久高島のあの世、ニラーハラーは太陽が出てくるところあたりにあると考えられ、両手をひろげて太陽を迎えるようにしているかのようなイシキ浜が、ニラーハラーの神船の港になっているのである。毎年旧暦の四月と九月に来訪するニラーハラーの神々はこのイシキ浜からシマに上陸し、神船はこの浜に係留されると考えられている。

久高人の他界観は「始原への回帰」の思想である。これには二つの認識がある。一つは個としての認識で、「生まれたところに還る」というものであり、もう一つは民族としての認識で、

「原郷へ還る」ということである。この民族としての認識には、
①シマ空間の中に原郷を考える場合
②外来の祖先を考える場合
がある。
①は御嶽をさす。②は東方にあるニラーハラーである。それではなぜ、東方に原郷を考えていったかであるが、おそらく太陽の運行に着目したからではないか。つまり、太陽の出発地が生の始まりと考え、それが原郷観念に結びつけられたと思われる。また始祖たちが海を越えたはるか彼方から来たというイメージが日昇と重なり、原郷を太陽の昇るところにイメージしていったのであろう。
なお、あの世ニラーハラーは死ぬと還っていくところでもあるが、生まれ出てくるところでもある。この世にもたらされたもの、たとえば穀類などもニラーハラーにそのもとはあると考えられている。

また太陽の運行に着目した他界観は、前にも記したとおり、ノロ制度以前に御嶽を他界と位置づけるころからあったと思われる。まだシマ全体というクニ意識が発生しないムトゥの時代は、原郷がニラーハラーであった。このことは、現在のムトゥ神のほとんどの原郷がニラーハラーになっていることからもそういえるのである。

ニラーハラーを望むイシキ浜にて
(〈ウプヌスガナシー・御願立て〉1976)

各家庭の背後にムトゥがあり、ムトゥの背後に御嶽《ウタキ》があった。ここまではシマの生活空間のなかにあったが、そのシマ世界を越えた究極の場所、久高島の背後があの世ニラーハラーである。

背後にあるものとは親であり、その前に抱かれて守護されるのは子という構造になっている。だんだんと時をさかのぼり、行きついたところが原郷であるが、しかしそこは果てということではなく、太陽が昇るように、この世への出発地でもある。

また家、ムトゥ、御嶽、ニラーハラーは、久高人がどこからきて、どこへ行くかの道程でもある。その道程をさかのぼるほどに生活感は希薄になり、幻想性が高まっていく。つまり、知から未知へ、というグラデーションを描いて展開している。

幻想性の高いところ、未知のところに、守護力の高い神が存在するのである。

第五章——巫女の力

ティンユタ（〈竜宮マッティ〉1977）

神女と王の恋

久高島で一番古いムトゥと考えられている大里家《ウプラトゥ》の前に、枝があたりいっぱい這うように広がり、濃緑色の厚ぼったい葉を小山のように繁らせているガジュマルの樹がある。このガジュマルの庭先近くの太めの枝をさして、「クゥンチャサンヌルが首吊って自殺した枝だ」と、大里家の男性神職者の西銘豊吉さんが生々しく語るのを聞いたことがある。「死に方がよくなかったから、クゥンチャサンヌルは死んだ後、ノロ（ヌル）の位から根神《ニーガン》の位に下げられた。今では外間《フカマ》根家《ニーヤー》の根神の祖先として大里家に祀られているんだ」と出来事がまるで最近あったかのようにいう。

クゥンチャサンヌルは大里家の娘で、ヌルといわれた神女であった。その死について、久高の人々はこういう物語を語る。

「（琉球王朝の）尚徳《しようとく》王がクゥンチャサンヌルと恋に落ち、政治を忘れてロマンスの日々を久高島で過ごしているうちに城内で革命が起こり、それを知った尚徳王は帰りの船中から海に身を投げて死んだ。これを悲しんだクゥンチャサンヌルは、家の前のガジュマルで首を吊り自殺をした」

クゥンチャサンヌルの自殺の理由は、愛人であった尚徳王の自殺の後追いであったというのである。

尚徳王（一四四一〜六九年）は琉球王朝第一尚氏王統の第七代の王である。在位九年（一四六一〜六九年）、一四六六年に喜界島を侵攻した野心家で、内政にも意欲的で、神女や行政官の新設をおこなった。一四六七年、朝鮮王・李瑈《りじゅう》より方冊蔵経《ほうさつぞうきょう》を贈られている人である。在位中計十一回、中国へ進貢をしており、また諸国との交易にも積極的に取り組んでいて、剛毅英明な王だったと伝えられる。尚徳王が二十九歳で没したあと、その王権は第二尚氏に移行した。つまり、尚徳王は尚思紹《しょうししょう》（一四〇六年即位）を始祖とする六十四年間つづいた王統の最後の王であった。

歴史学者、仲原善忠《なかはらぜんちゅう》氏の『仲原善忠全集歴史編』には、第一尚氏の滅びた原因は、尚徳王死後の家臣団による革命であったとされている。また「信じるに足りない伝説」として、「尚徳王が久高のお岳参詣に行っているあいだに家臣たちによって革命が起こり、それを久高島から帰る船の中で聞いた尚徳王が海に身を投げて死んだともある」と記している。

伝承の中身がどこまで正しいかはともかくとして、尚徳王が久高島にきてクゥンチャサンヌルと会っていたことは事実だと考えられる。それではなぜ、尚徳王が久高島にきてクゥンチャサンヌルと会っていたのであろうか。

前述したように、仲原善忠氏が「伝説」としたものによると、尚徳王は久高島のお岳（御嶽《ウタキ》のことと思われる）参詣をしたとあり、久高島の「伝承」では恋人のクゥンチャサンヌルとの逢引きというニュアンスが強い。

クゥンチャサンヌルは美人と伝えられてもいたが、目に見えない異界と交信する超能力を持つ評判の高いシャーマンであったという。尚徳王はその存在を知り、なんらかの苦境を打開する目的でたずねたというのが真相ではないか。再々通っているうちに、尚徳王はクゥンチャサンヌルの超能力と美貌に魅了され、恋に落ちたのではないだろうか。

じつはこの物語の時代はノロ制度が施行される以前であって、久高島にはまだシマを統轄する官人としてのノロは存在していない。祭政一致政策として施行された、王妹〈聞得《きこえ》大君《おおぎみ》〉を頂点とする神女組織であるノロ制度は第二尚氏王統第三代の尚真《しょうしん》王時代になってのことであって、それ以前の久高島では、血族のムトゥが何軒か誕生しており、その各始祖家に超能力を保持する女性神役がおり、その力でムトゥに属する人々の命運を司っていた。

中でも一番古い大里家《ウプラトゥ》には、久高島にとどまらず沖縄本島まで評判の高い、優れた超能力と美貌の持ち主、クゥンチャサンヌルがいたのであった。

シャーマンの力

それにしても、当時の最高権力者が、一孤島のシャーマンに注目しこれに会いにきているという事実は、単なる歴史の一コマという受け止め方ではすまされない。この事実の背景には、当時の琉球の時代思想が反映していると思える。つまり、当時の琉球は中国、朝鮮、日本と交易をし、さまざまな文化、宗教思想にふれることが可能であり、じっさい、王府では仏教も受容していたが、それでも女性たちが担う古来琉球に存在した伝統的な宗教は健在であった。なお、久高島は以前も現在も、仏教の影響はほとんど受けていない。

尚徳王以後の第二尚氏王統時代になってからの王府内部においても、古来の宗教が機能していたことは、つぎの二件の史実が証明している。

①一四七七年、第二尚氏第二代の尚宣威《しようせんい》王の就任の際にそれを不服とする王府の神女たちによる神意の託宣がおこなわれ、尚宣威王をわずか半年で退任させた。

②一五〇〇年、第二尚氏第三代の尚真王の時代、八重山のオヤケアカハチ（朝貢を拒否した土地の有力者）の乱を平定する際に軍船にシマジマの神女を乗船させ、その呪詛力により敵の戦意をくじいた。またその神女の中で最もすぐれた超能力の保持者で、戦勝に導いたのが沖縄本島那覇の西約百キロに位置する久米島の君南風《チンベー》という神女であった。すなわち、琉球全体のシマジマ、ムラムラでは、久高島のクゥンチャサンヌルのような超能力者が存在し、人々の命運を司るという状態にあったと考えられる。

その時代の人々の精神の根底にある思想は、超能力者を肯定する、つまり目に見えない霊魂を全面的に認め、その見えない存在とのバランスによって自己存在を確かめていたということであろう。こう考えてくると、当時の権力者は、超能力に秀でたシャーマンをかかりつけの医者のように処遇していたのではないだろうか。

尚徳王の場合は、おそらく当時、王府から見て東の方、太陽の出ずるところにある神の島として受けとめられていた久高島に住む、評判の高い超能力者クゥンチャサンヌルを専用のシャーマンとしたのであろう。また、前に記した久米島の君南風《チンベー》は尚真王かかりつけのシャーマンであったという仮説も成り立つと私は考えている。「クゥンチャサン」とは国司の意で、つまり〈国司ヌル〉というその呼称も、彼女が国王のシャーマンであったことを裏付けている。

なお「ヌル」の呼称がノロ制度以前からあったことは重要である。ヌルとは神霊を憑依する者の意という説もある。

それにしても、悲運な殉死をとげた、まだ若いクゥンチャサンヌルは、呪力の足りなさで国王を破滅に追い込んだ責任を思って自殺したのだろうか。それとも、シマ人が認識するように愛する人を失った悲しみで後を追ったのだろうか。西銘豊吉さんがおしえてくれた、クゥンチャサンヌルが首を吊ったというガジュマルの枝を見つめながら、私はクゥンチャサンヌルの心情に思いをめぐらしたのだった。

混沌霊を鎮める巫女

第一章で、久高人の思想の根底にある魂《マブイ》の不滅性・回帰性について述べたが、それに関る祭祀を司る神職者の仕事がある。

魂というものは、肉体におさまっている状態と肉体を離脱している状態があり、肉体を離脱した魂も、肉体以外の空間の、おさまるべきところにちゃんとおさまっているものと、おさまることができずに浮遊状態のまま彷徨《さまよ》っているものとがある。前者が秩序霊で、守護力を持つ存在であり、それを司るのがノロをはじめとする神職者である。後者は混沌霊で、祟りをする恐ろしい存在である。この混沌霊を司ることができる神職者が〈ティンユタ〉であった。ティンとは家庭の意、ユタは巫女《ふじょ》、すなわちシャーマンのことである。

久高島では、日常生活のなかで人の身の上におこる異常な出来事、たとえば病気、死、事故、仕事の失敗などは、基本的に混沌霊の祟りが原因であると考えられた。そこでこの混沌霊の祟りを取り除くのが、ティンユタの最も重要な役目である。したがって、ティンユタは、秩序霊を司るノロなどのように形式としての資格だけではつとまらず、目に見えない混沌霊を感知したり、混沌霊を憑依させる特別な能力を必要とする。

ティンユタは生まれながら眼光するどく、神経がピリピリしたような人が多い。しかし、ティンユタになるのは当人の意志とは関係なく、神の指名によっておこなわれる。神とはムトゥ

神、つまり始祖神である。その指名がどうおこなわれるかというと、一九八〇年代に五名いたティンユタの例では、

　神に指命される夢を見る、　独り言、歌を歌う、泣く
　頭が重い、腹痛、手足がだるい、仕事に集中できない

などの現象が長期間断続的におきることによる。この現象を「カミダーリ」（神にいたぶられるほどの意）とか「知らせ《シラシ》」といっている。

　このような指命を受けてムトゥ神に就任し、まずムトゥレベル、家レベルの祭祀を司ることになる。そしてノロの司祭するシマレベルの祭祀にも参列する。しかし、さらに個人の祭祀をおこなうのだが、そのときには依頼がないとできない。それには、決まったムトゥ神、いわば秩序霊を憑依させるほかに、不特定の混沌霊を憑依させる能力が必要になってくる。

　この能力が備わっている者は、ムトゥ神の中でも〈チヂングヮ〉（チヂは頭頂、ングヮは人ほどの意、つまり混沌霊が憑依しやすい頭頂の持ち主の意である）といわれ、シマ人から尊敬され、個人祭祀も頼まれることになる。この状態になったときに、普通はティンユタと呼ばれ、依頼者が敬って呼ぶときには〈ティンハミ〉（家の神役の意）とも呼ばれる。この能力がない者は〈チヂフギ〉（頭頂を開ける）という儀式をしなければならない。

　ティンユタが御願《ウガン》の責任をもつ家のことを「ティンラキ」といっている。ティンは家、ラキ

は抱くの意である。ラキという言葉は母親が子供を懐に抱いているような愛護のイメージがある。つまり、ティンユタは家を子供のように懐に抱き、また抱かれる家も母親を信頼し、その愛護によりかかっているというのが、ティンユタと依頼家の関係である。

ティンユタはムトゥ神でもあるが、家の祭祀を依頼する家は必ずしもティンユタのムトゥに属する家とは限らない。混沌霊と交信する能力に優れているティンユタは、他のムトゥに属する家も「抱く」ことがある。

ティンユタの御願には、平常時の御願と異常時の御願がある。平常時の御願とは、その家に別に異常はないが将来に向かって主として健康を願う場合で、定期的におこなわれる家の祭祀がそれである。しかし、家の祭祀を全部ティンユタが担うのではなく、年末（大晦日拝《トゥシヌユールヌフェ》）と年始（正月）の家族一人一人の健康願い、旧暦二月、八月の屋敷のお祓い、また海で死んだ者がいる家庭の魂鎮めの祭祀〈竜宮《リューグゥ》マッティ〉など、重要なものをおこなう。

異常時の御願とは、家族の者に異常がおこって、祟りとかカミダーリがおこったときの処置である。この異常時の御願が、ティンユタの超能力を発揮する場になる。

そのためには、混沌霊の祟りの原因をつきとめる「判示《はんじ》」と、それを除去する御願をおこなう。異常状態の原因が正しくつきとめられないと、誤った処置をすることになり、異常状態は解消されない。そこで難病患者がよりよい医者をさがす心理と似て、ティンユタもよりすぐれた超能力者が頼られる傾向がある。

近年では久高島でも、この異常状態の判示の部分を沖縄本島の与那原町《よなばる》、佐敷町《さしき》、大里村《おおざと》、玉城《たまぐうすく》村、知念《ちねん》村の、巫業を職業としている〈町ユタ〉にゆだねている。町ユタにゆだねる以前は、久高島のティンユタが判示も担っていた。しかし、職業的な町ユタ以前の状態が、本来のティンユタのすがたであったはずである。

霊魂が入る頭頂

混沌霊・秩序霊は、それを引き受ける者の頭部に憑依合体し、顕現すると考えられている。ところが、引き受ける者、つまり神職者が何らかの理由で混沌霊・秩序霊をその頭部に入れることができず、混沌霊・秩序霊になりかわれない状態が起こり、そのことを当人またはまわりの者たちが気づいたときに、当人の申告の下に〈チヂフギ〉という儀式がおこなわれる。

チヂフギのチヂは頭頂の意、フギは穴をあけるほどの意、直訳すれば頭頂に穴を穿《うが》つということになる。もちろん、物理的に頭部に穴をあけるわけではない。神職者の頭頂が混沌霊・秩序霊の依代《よりしろ》として機能せず頭部が閉じた状態であるのを本来の開いた状態にする、という意味である。

シマレベルの司祭者たちであるクニガミのように、常に特定の秩序霊を憑依させ、形の定まった年中行事のような祭祀をする場合は、頭頂が開いているかどうかについてあまり厳格に問われることはなく、祭祀の実施に支障はない。ただし、頭頂が開いていないクニガミは信仰心が足りないということで、尊敬されないことは確かである。

このクニガミに比較してムトゥ神は、就任すればムトゥの祭祀のほかにムトゥの人々の家レベルの祭祀も司祭することになっている。家レベルでは、祟りの原因究明とその処置といった、個人の危機の救済という切実な問題が多く、それに対応するためには、すぐれた超能力の発揮者であることが要求される。もともと久高島のムトゥ神はノロ制度以前からそのように存在した司祭者であった。

ティンユタの超能力は、神職者（受霊者）不在の秩序霊、混沌霊、それにヒジムナーという妖怪を、必要に応じていつでも容易に憑依させ、その言葉を吐くことに求められる。つまり、秩序霊、混沌霊、ヒジムナーそのものになりかわれる能力である。そのためには、この異界の存在を降ろし、乗せる頭頂が開いていることが絶対条件になる。

ちなみに、混沌霊・秩序霊が頭部に憑依した状態を「チヂ降《ウ》り」とか、「乗る《ヌイン》」といっている。

近年では、ティンユタは家レベルの祭祀の決まった形の儀式が中心になり、超能力を必要とするような儀式をおこない、人の命運を左右する危機の救済は、よその職業的ユタにゆだねることになってしまっている。したがって、あまり超能力を要求されることもない。しかし、ノロ制度以前の久高島のティンユタはすべて、超能力者でなければなりえなかったのである。

頭頂を開く儀式〈チヂフギ〉

ここで、チヂフギの儀式の模様を紹介すると、この儀式はまず頭頂が開いていないと思われる当人からの申し出があっておこなわれるのが普通である。以下は、西銘シズさんからの聞き書きによるもので、私がシマに渡る直前にチヂフギをしたムトゥ神の神職者がいたとのことであった。

チヂフギ儀式の場所は、チヂフギの儀式を受ける神職者の守護《シジ》神の香炉のあるところ、つまりムトゥである。儀式の経費は、依頼者とその親戚、それにムトゥに属する人々から出される。儀式は朝におこなう。あとに述べる魂込めの儀式（マンブカネー）が午後おこなわれることとは対照的である。

儀式の参加者は、外間《フカマ》ノロ、久高ノロ、根神《ニーガン》の神職者とそれぞれのウメーギ、それに外間根《ニー》人《チュ》、久高根人の八人とウヤフロー（ウヤは親の意、フローは不詳）という先輩ムトゥ神、それに依頼者本人である。供え物の準備などは親戚の人たちがおこなう。クニガミ、ウヤフロー、本人は、白色の肌衣（胴衣《ルジン》、下袴《ハカン》）、紺地の着物《クウンジー》を羽織り、髪は結いあげ銀の簪《かんざし》を挿《さ》す。神職者としての正装である。儀式はウヤフローがとりしきる。

なお、ウヤフローは依頼者の先輩のムトゥ神が担当するが、それが不在の場合は、頭頂の開いている、評判がよい、よそのムトゥ神に依頼する。

供え物はこの儀式を象徴する独特なものである。米飯で直径十五センチ位の人の頭のような大きいおにぎりを作り、その真ん中を穿《うが》ち、そこに箸一組を突き立てる。この供え物は神座である頭部を表現したものである。

クニガミたちがやってきて儀式が開始される。依頼者の守護神の香炉前に供え物が置かれ、香炉にも御香《ウコウ》がともされる。本人とウヤフローはその供え物の前に並んで正座合掌する。クニガミたちもそのまわりに正座し合掌している。司祭者のウヤフローが祝詞《ムチメー》を唱える。

チューヌ、フガニビーヤ、　（今日の吉日は）
ハミヌチヂフギヤイビーラ　（神のチヂ開けの儀式なれば）
〇〇年生まれの〇〇ウプクゥバラ　（当人は）
チムジューサ　（肝が強く）
ンニジューサ　（胸が強く）

スグリウソー　（立派な魂）
ウティティキ　（安定）
クミソーチョーテ　（させてください）
百二十ガ　（百二十歳の）
アイチャバナ　（寿命）
ティィリルマデ　（くるまで）
フサティブクイ　（夫が栄え）
ウンジブクイ　（息子が栄え）
ウトゥクディン　（男）
ウンナディン　（女）
ダキティィリ　（守護神として）
ラシンソーチョーティ　（はべらせ給え）
百二十ガ　（百二十歳の）
アイチャバナ　（寿命）
ティィリルマデ　（くるまで）
サシプジューサ　（神職者として健康で）

ウガマッティ　　　　　　（拝まれて）
ウタビミソーリ　　　　　（ください）
ウートゥトゥガナシー　　（尊い神様）

ほとんどの人はこの祝詞《ムチメー》が唱えられているあいだに頭頂《チヂ》が開き、依頼者の秩序霊が憑依してトランス状態になり、守護神《シジ》の言葉（儀式をしてくれたお礼など）を吐くことになる。このような状態を「クチアキ」（クチは口、アキは開くの意）という。

なかにはこのクチアキの状態にならない者もいるが、この場合は司祭者のウヤフローに儀式をする当人の守護神が憑依してクチアキを助けるケースもあるという。

頭頂が開いた神職者は〈チヂングヮ〉（チヂの開いた者の意）という呼称が与えられ、尊敬されることになる。チヂフギの儀式が成功すると、参加者に酒食がふるまわれ、小宴となる。

抜け落ちた魂の儀式〈マンブカネー〉

人の体内にあり、生きる力となっている魂《マブイ》は、その宿り主が病気をしたり、ショックを受けたりすると、宿り主の身体から抜け落ちてしまうことがあると考えられている。そうなると、人は元気がなくなり、そのままにしておくと宿り主は死にいたってしまう。そこで、落とした魂《マブイ》を宿り主に戻し入れるという儀式がおこなわれ、これを〈マンブカネー〉という。マンブとは魂＝マブイの転訛したもの、カネーとは囲うの意、つまりマンブカネーとは、魂を囲い入れるということである。

ちなみに、沖縄全般では〈魂込め《マブイグウミ》〉〈魂呼び《タマスアビー》〉などの呼称がある。

マンブカネーは、まず儀式の日を決めることからはじまる。儀式の日は未婚者や子供は酉《とり》、戌《いぬ》の日がよく、既婚者や大人は午《うま》、未《ひつじ》以外ならどの日でもよい。午と未の日は魂が持ち去られると考えられている。儀式の時刻は夕刻である。儀式をする場所は、ショックを受けて魂が抜け落ちたとみられるところだが、その場所が地上なら現場に行かず、当人の家でおこなうのが普通である。しかし、海岸や井戸の場合は現場でおこなわれる。これは、海とか井戸が海の彼方にあるニラーハラーにつながっているからだといわれている。

つぎのマンブカネーは、一九八一年十一月十五日に私が見聞したものである。

久高島出身者であるが、今は沖縄本島南部に住んでいる二十四歳の看護婦A子さんが、最近、車で帰宅途中にカーブでの横転事故をおこした。目の下にかすり傷を負っただけだが、それ以来、食欲がなく元気もない。このことを知った久高島の母親はこの娘が魂を落としていると判断し、儀式をすることを娘に勧めた。娘は最初は、近代医療にたずさわっている手前、ためらったが、母親に説得されて儀式をすることになった。

〔A子さんの家での儀式〕――

司祭者のティンユタと母親が久高島からやってきた。本人の家は庭付きの一戸建てである。儀式の日はA子さん本人の生まれ年と同じ酉の日。まず屋敷のお祓いがティンユタによっておこなわれる。それには母親が立ち会っている。火神《ヒルカン》（台所）、床ヌ神《トウクウヌハミ》（座敷）、そうして屋敷の東西南北に、米、酒、揚げ魚、香、おにぎりを供え、祝詞《ムチメー》を唱えてお祓いがおこなわれた。

〔事故現場での儀式〕――

その後、家から車で五分ほどの事故現場に行く。現場のまわりに人家はなく、サトウキビ畑などの中を走る二車線の幹線道路で、車が横転したところは道路脇の畑の中にあった。そこはカーブが曲がり切ったところである。A子さんとその母親も供え物を持ってティンユタに同行した。まずティンユタは持参した酒、米、揚げ魚、おにぎりの二膳を事故があったという場所に供え、香を立て合掌し祝詞を唱えた。

儀式の最初は事故現場の土地の神（当地に鎮まっていると考えられる不特定の神霊）に対することわりである。つづけて、そこに落ちているA子さんの魂に対してのもので、魂に、A子さんのことを思って早く戻ってきてくださいという内容が唱えられている。

車が激しく往来する音でティンユタの唱える声もかき消される。十分ほどで祝詞が終わると、あらかじめ用意して供え物の膳においてあったススキを束ねたお祓い用の呪具のノーサで供え物の膳を祓う。それから持参したA子さんの上衣（必ずしも事故当時のものではなく、日常よく着用するものでよいのだが）をティンユタが両手で持ち、供え物付近を「フーヨー、フーヨー」（来いよ来いよの意）と唱えながら魂《マブイ》を囲い込むような仕草を数回くりかえす。すると魂はその上衣に入ったと考えられ、すぐさま魂の入った上衣をティンユタが持って家に帰る。

［ふたたび家での儀式］——

ティンユタはまず呪具のノーサを家の玄関先におく。これは悪霊などが侵入するのをふせぐためだと考えられている。そうして玄関から屋内に入る。玄関の上がり口には刃を屋外に向けておいた包丁がある。これもノーサと同じく、悪霊除けである。

一番座に、お茶、盛飯、揚げ魚の食膳が玄関の方向に向けておかれ、その食膳の前にA子さんが玄関に向いて正座し、盛飯と箸を持って食事のポーズをする。これは本人の日常の状態を象徴している。その背後からティンユタが、魂が入った上衣を羽織らせる。そうしてまた、事故現場で唱えたものとほぼ同じ祝詞《ムチメー》を唱え、ときどき肩のあたりをさわる。魂は肩から入ると考えられているからである。

祝詞の後段は現場でのものと違っている。この部分は便所の神様フルヌウシジガナシーに対するものである。どんなに入りにくい魂でも便所の神様に願うと必ず入ると考えられていて、それは、人の健康はスムーズな排泄が大事で、それを司るのが便所の神様という考えであった。祝詞は十分ほどで終わり、ティンユタは「トゥイッチョサ」（ハイ、魂は入ったの意）といった。その後、ティンユタは玄関先においてあった呪具のノーサと塩水、米で事故にあった車を祓い、マンブカネーの儀式は終わった。

後日、A子さんの母親にその後のA子さんの状態を聞いたところ、「娘はすっかり元気になって毎日仕事に出ています」とのことだった。マンブカネーの儀式は成功し、A子さんの身体に魂が戻ったのである。私はA子さんにその後会っていないが、元気を回復できた事実から、きっとA子さんも、魂の存在を信じることができたのではないかと思っている。

死霊昇天のための〈天地御願《ティンジウガン》〉

死霊が何らかの理由で、あの世に行けずこの世に浮遊していると、それを子孫たちに伝えようとして祟り現象を起こすことがある。それに気づいた子孫は〈天地御願〉をし、祟りの解除をはかろうとする。

一九八一年一月にこれを見聞する機会があった。そのときの儀式を紹介する。

久高島のクニガミの一人、七十代のKさんには五人の娘たちがいる。そのうち四十代と五十代の二人の娘が病気をした。病状は二人とも同じで、急性の腹痛である。病院にかけつけると異常なしと診断され、帰宅してティンユタに依頼して家の守護神、火神《ヒルカン》、トゥパシリに祈りをしてもらうとケロリと治るということを数年のあいだに何回もくり返した。これはおかしいということで、娘たちは沖縄本島の職業的ユタを訪ねた。すると、ユタの判示では、Kさんの亡夫の母親、つまり娘たちの祖母が胃の病気で若死にしていること、娘たちの原因不明の腹痛は姑の死霊があの世に行けないことの告知であることがわかり、さっそく天地御願《ティンジウガン》をすることになった。

依頼主はKさんで、司祭はティンユタである。御願の場所はKさんの家の前面にある広場、庭《ナー》である。この御願は晴天をさけ、必ず雨天か曇天の日で、時間は日没直後におこなわれるという。御願当日は曇天であった。

Kさんの家は木造瓦葺き十坪ほどの平屋である。屋敷は五十坪ほどあり、屋敷囲いは高さが十メートルほどにもなるフクギである。御願の祭場になる庭はフクギの樹蔭の中にある。外部は日没後のたそがれになるが、この庭の祭場そのものは屋内からもれる明かりがなければ暗闇である。

庭には筵《むしろ》が編み目を東方に向けて敷かれ、その東端にウトゥモー（御灯明の意）と称する二つの明かり立てがある。その明かり立てはハマユウの葉を直径五センチほどに丸め竹串でとめたものを皿にのせ、その中にローソクを立てたものである。そのそばに香炉が置いてある。そうしてこの明かり立てと香炉の下方に、天界への神饌と地界への神饌が並べてある。天界の神饌を上手に置く。天界への神饌の九個の餅の下に敷かれた三枚の白紙は、天界と地界とそれに海・竜宮《リューグウ》を意識しており、天界の白紙は戸籍簿のようなものだとの司祭者の説明であった。

二つのウトゥモーのそばに、同家の軒に生木の小枝をヒモで結んで作った七段の梯子が立てかけてある。この生木の梯子は七ツ橋と称され、浮遊している死霊がこの橋から祭場に降臨し、御願が成功すると、この橋を上がって天に昇りあの世ニラーハラーに行くといわれている。ティンユタはKさんの家にくるとまず火神、トゥパシリ（Kさんの香炉）、床ヌ神《トゥクゥヌハミ》（Kさんの夫の香炉）、トートーメー（位牌棚）の順に、米と酒を供えて祈願した。この祈願はこれから儀式を開始するという報告である。

なお、ティンユタは当家に来る前にKさんの娘とともに、今日の儀式の対象者の亡き姑の生家を訪問し、同じような報告の祈願をおこなっている。

屋内での報告祈願が終わると、いよいよ儀式が始められた。ティンユタは庭の祭場にでる。Kさんは屋内に座している。庭の筵の祭場にはKさんの娘たちと十代の孫娘の計七名が東方の神饌の方に向かって正座している。この祭場に座すのは必ず七名で、儀式の対象者である浮遊

七ツ橋とローソクと香炉
（〈天地御願〉）

霊の近親者であれば老若男女を問わず、誰でも七名の中に参加できる。
　ウトゥモーのローソクに火が灯され、ティンユタは白衣を羽織り、神饌の前に正座合掌して静かに祝詞《ムチメー》を唱え始める。近親の七名はこの儀式中絶対頭を上げてはならないといわれており、全員ひれ伏している。祝詞が一節終わる七、八分ごとに、前列に座している近親の者が香炉に御香《ウコウ》十二本を点ける。これを九回ほど繰り返しているあいだにティンユタに姑の浮遊霊が乗り移った。端正な気品のあるティンユタの顔がウトゥモーのローソクの明かりの中でゆがみ、声も呼吸困難状態でうわずっている。内容も「子、孫たちよ、私のために儀式をしてくれてありがとう。これであの世に行ける」と亡き姑の声で語る。立ち会っている孫娘たちはそれを聞いて、ひれ伏したまますすり泣いている。

今異界の存在である祖母と孫娘たちの心が一つになったのである。フクギの屋敷林の中の暗闇、静寂に包まれた祭場にローソクの火がゆれ、鬼気迫る死霊の声と女性たちのすすり泣く声のみがひびいている。私はこの光景を見て鳥肌がたった。


このKさんの儀式は成功した。その子孫たちも祟りの不安から解放されたことになる。その後、Kさんの娘たちに原因不明の腹痛はおこっていない。

言霊《ことだま》の力〈クチゲーシ〉

言葉の遣い方一つで、人をおとしめたり、救ったりすることは今日でもおこることである。これは言葉に力があるということであろう。久高島では、人を傷つけるような言葉が、その人が不在の場所でいわれているとき、つまり陰口をたたかれてその圧迫を感じたときに、その発せられている言葉そのものを封じ込めて、言葉の呪縛から解放するという儀式がおこなわれている。その儀式を〈クチゲーシ〉（クチは口、ゲーシは追い返すの意）といっている。

私が直接知っている話がある。

知り合いのUさんの中学生の息子が、遊びに夢中になってよその家の庭囲いを壊したことがあった。そのときの息子の対応が悪かったのか、以来、息子の悪口がシマの方々で言われるようになった。Uさんは親戚の者からそのことを聞かされたが、はじめのうちは息子が悪いのだからといって息子をたしなめていたが、息子に対する陰口はいっこうになくならず、ますますシマじゅうに広がっていった。当の息子も自分に対する悪口がだんだんエスカレートしていくのを感じたのか、ひねくれていった。母親はそのままにしておくと息子を不良にしてしまうと考え、ティンユタに相談したのである。そして、悪言祓いの儀式をすることになった。儀式の日は、陰口をいわれている人の生まれ年の干支の日をさけて決める。

この儀式は人に知られないように夜ひそかにおこなわれる。儀式の場所は依頼者の家の玄関、縁側などの出入り口にあたるところで、外部に向かっておこなう。

神饌は、魚の頭を六個盛った二皿と麦と豆を炒ったもの一皿で、お膳に並べて供える。魚の頭は、できるだけ口の大きい魚が選ばれる。この魚の頭は、悪言を吐く人の口を象徴している。麦と豆を炒るのは、発芽させない、つまり人の口を封じることに通じる。御香《ウコウ》は十二本と、割ったもの数本を添える。これも、御香を割ることによって、呪力を高める意味がある。供えるものの数が六個十二個というのは偶数で、久高島でいう「俗な数」である。

夜もとっぷりと暮れ、人通りのないのを確かめて、ティンユタの司祭による儀式が始まった。

ティンユタは供え物の前に正座し、合掌をして祝詞《ムチメー》を唱える。

チュヌ　（人の）
イニン　（因縁）
チュヌ　（人の）
クゥチン　（口も）
ナーメーメーヌ　（それぞれの）
トゥクゥマンカイ　（ところに）
ケーチ　（かえして）
クゥミソーリ　（ください）

人の因縁、悪い言葉も、それぞれ言葉を発した人のもとに帰ってください、という内容である。祝詞を唱え終わると、供え物の魚の頭、炒った麦と豆、御香をなるべく人通りの多い道路の真ん中に穴を掘って埋める。人々に踏んでもらうことで、悪口を完全に封じ込めようというのである。

この儀式が終わって数日が過ぎたころ、Uさんの奥さんに儀式の効果について尋ねたら、ふしぎと息子に対する悪口はぴたっとなくなり、息子もその後素直になったということであった。

祝詞《ムチメー》からもわかるように、言葉を発する人を問題にして相手を非難するのでなく、相手をおとしめようというのでもなく、発せられた言葉、すなわち浮遊しているイメージそのものの呪力を問題にしており、その言葉はできるだけ発した人におさまってほしいという考えである。

言葉が封じ込められると事態はおさまり、恨みも残さない、知恵ある儀式といえるのではないだろうか。

第六章——久高島祭祀の風景

シルサージとイザイ花（〈イザイホー・3日目〉1978）

母が神になる刻《とき》〈イザイホー〉

久高島というと「イザイホーの島」といわれるほど、久高島の数ある祭祀の中でもイザイホーは有名である。とくに一九六六年、戦後二回目におこなわれたイザイホーのときからは、日本文化の原形が今に残るということで、研究者はもちろん、マスコミが注目して大々的に報道したのでいっそう有名になった。私にとっても、一九七五年から三年間の久高島通いを経て、一九七八年におこなわれたイザイホーは待ちに待ったものであった。

この年のイザイホーは、神職者の欠員などで一時は開催も危ぶまれ、おそらく最後のイザイホーになるだろうとシマ人からもいわれていた。そのせいもあって、日本中の研究者、マスコミはなおのこと、作家、詩人、音楽家、舞踏家、学生、公務員、会社員、主婦など、シマの人口の二倍の千人弱が来島した。シマに三軒ある民宿は満杯で、畳に寝られるのはよいほうで、廊下、フロア、食堂、すべて寝所に使われた。食事も弁当式である。

民宿に入れない人々は公民館、空家、民家に頼み、学校の運動場にはテント村ができて、過疎の島はまるで非常事態のようになった。私もその中にいたわけである。そしてイザイホーは、期待どおり、久高島の世界観が目に見える形でみごとに表現されたすばらしいものであった。これで、「久高島の世界」の理解がいっそう深まったことは確かである。

ここで、祭祀の当日の様子を記す前に、イザイホ－の祭祀としての意味と進行について説明しておきたい。

久高島では、シマで生まれ育ち、一定年齢（丑《うし》年の三十歳から寅《とら》年の四十一歳）になった主婦は全員神女《タマガエー》になることになっており、七十歳までつとめなければならない。この神職者の就任式が十二年ごとの午《うま》年、旧暦十一月の十五日の満月の日から十八日までの四日間にわたっておこなわれるイザイホーなのである。

イザイホーの語意には定説はない。神歌《ティルル》に見ると、神女の別の呼び方になっている。イザイホーの歴史は古く、五百年ほど前に「ノロ制度」が施行されたときに神職者組織を編成するためにおこなわれるようになったと思われる。ここで神職者に就任した神女は、祖母霊《ウプティシジ》を守護神として家に祀り、この祖母霊を背景に家の祭祀をおこなうことになる。そして、やがてノロの祭祀に参加することになる。

さて、イザイホーはまず、四日間の本祭りの一カ月前の午の日に、イザイホーをおこなうことを古《フル》ムトゥの神々と御嶽《ウタキ》（祖母霊の鎮まる森）の守護霊に対して報告する儀式から始まる。

本祭りの内容を日程順に記すと――

〈**一日目**〉――①早朝、祖母霊の拠り所になる香炉をイザイニガヤー（イザイホーをおこなう者）が引き受ける儀式（祖母霊の香炉の継承式）、②夕刻、新入りの者が七ツ橋を渡って祖母

霊のいる七ツ屋に入っていく儀式（七ツ橋渡り）

〈二日目〉——前夕、七ツ屋という他界空間に入りそれぞれの祖母霊と一夜を過ごしたイザイニガヤーが午前中に、ふたたびこの世に登場して舞う儀式（洗い髪たれ遊び《ハシララリアシビ》）

〈三日目〉——午前、祖母霊と合体したイザイニガヤーがここでは守護力を備えた成女《ナンチュ》としてこの世に登場し、一人前の神女《タマガエー》として認証を受ける儀式（朱付《シュリイキ》）

〈四日目〉——①午前中、ニラーハラー遥拝などのあと、祖母霊と合体し、守護力を備えた神女が我が家に帰り、守護される者の象徴であるイシキャー（兄）から酒盃を受ける儀式（家《アサン》まわり《マーイ》）、②午後にかけて、外間殿《フカマトゥン》、久高殿において、イザイホー無事終了の祝宴の儀式（桶《グウキ》まわり《マーイ》）

この流れを通じてうかがえるように、イザイホー儀式は、孫娘が亡祖母の霊威（守護力）を引き受けて一人前の久高島の女性に成る、という構成になっていて、ノロ、根人《ニーチュ》他の先輩神職者たちに導かれて儀式は展開する。

また、目には見えないが、ニラーハラーの神々も儀式に参列し、神女の就任を見守っている。つまり、イザイホー祭祀では久高島の世界観、あの世とこの世の一体性・連続性が具体的に表現されているのである。

久高島の世界観は祭祀が展開される祭場空間にも凝縮して表現されている。祭場は、背後に

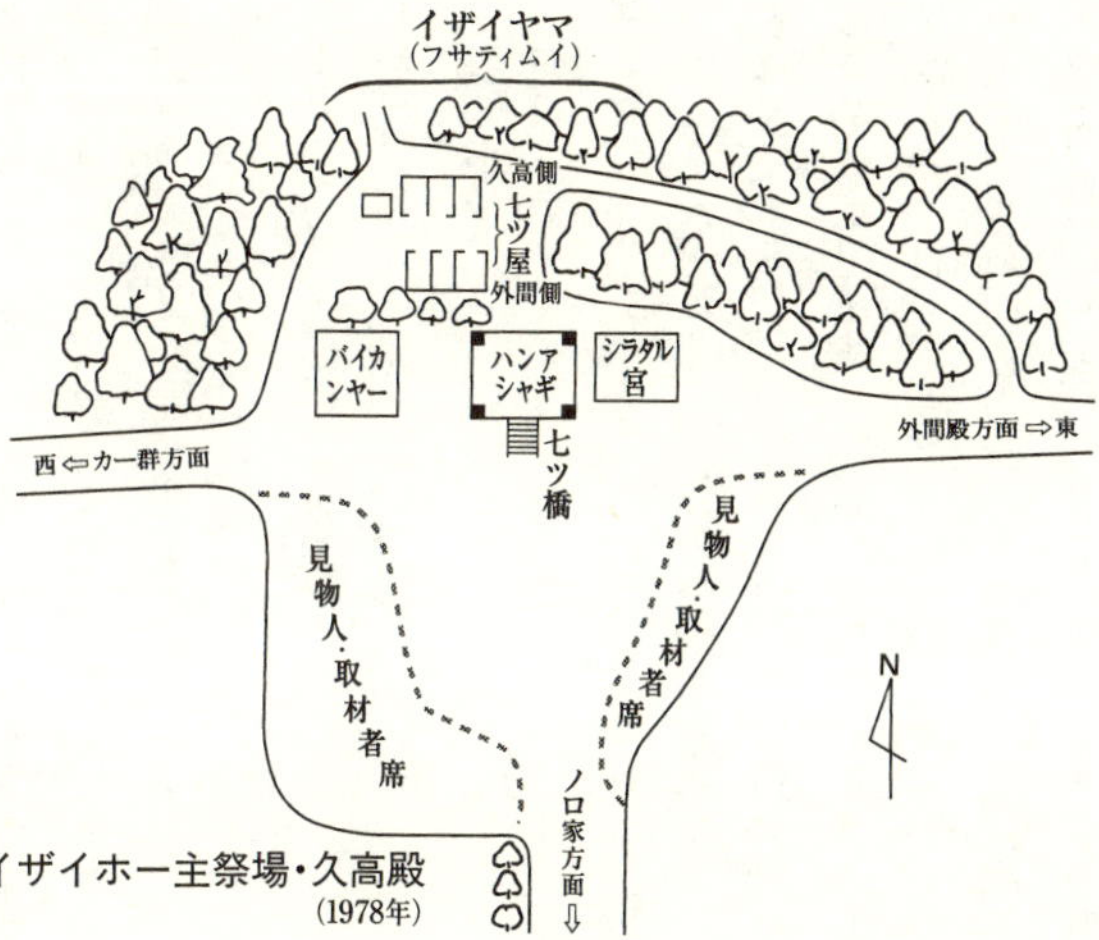

イザイホー主祭場・久高殿
(1978年)

ムトゥの始祖が鎮まる御嶽《ウタキ》〈フサティムイ〉を持つ久高殿に作られる。ヤラブ、ガジュマル、アダンなどが生い茂るこの御嶽には、シマ中に分散する祖母霊の鎮まる御嶽の、いわば出張所となる二棟の草葺きの施設が作られ、これを「七ツ屋」という。さらに一棟の草葺きの小祠とを合わせ、全体をイザイヤマと称している。つまり、イザイホー祭祀のときにはこの七ツ屋を中心とする御嶽空間が祖母霊の鎮まる他界ということになる。

そうして、久高殿の庭《ミャ》が現世《ナマガユー》空間で、その境界にある神の宮《ハンアシャギ》（瓦葺き、軒の低い小屋）が他界と現世を連結するような形になっている。神の宮の壁はクバの葉でおおわれ、他界側と現世側にそれぞれ出入り口があり、現世側の出入り口には七ツ橋と称する生木で作った梯子のような形の橋が地表に置く形で架けられている。つまり、この祭場の構造は、あの世とこの世、そしてそれが接する場所を明確に表現している。

祭場はイザイホー祭祀の前日に、シマ人総出で作られる。

一九七八年のイザイホーの四日間

それでは、イザイホー祭祀を順を追って見てみよう。

〈一日目〉――

この日はあいにくの雨になった。シマの中は未明から外来者が徘徊し、ざわめいている。早朝、神女になる者（ちなみに今回のイザイニガヤーは外間側四名、久高側四名である）は井泉《カー》で身を潔《きよ》めそれぞれの祖母霊の香炉の継承をおこなっている。夕刻になると、それぞれ属するノロ家に参集する。イザイニガヤーは白色の胴衣《ルジン》と下袴《ハカン》、洗い髪に裸足である。これから神女になるための心身ともに白紙の状態を表したハレ姿である。緊張しているがどことなく初々しい。ノロとハタ神（前回の十二年前のイザイホー体験者。円舞のときは外円になる）は白色の胴衣、下袴、その上から白色の神衣《ウプジン》を羽織り、頭は白ハチマキ《シルサージ》をしめ、裸足である。

両ノロ家では同時並行しておごそかな神歌《ティルル》を唱する儀式がおこなわれる。日没直後、イザイニガヤーが外間《フカマ》ノロのウメーギ（西銘シズさん）、イティィティィグゥルー（イザイニガヤーを先導する神女）、外間・久高の両ノロ、ハタ神に伴われて久高殿の祭場に「エーファイ、エーファイ」と連呼しながら駆け込んでくる。イティィティィグゥルーはイザイニガヤーと同じ洗い髪、白色の衣装で、首から長い真玉《マダマ》をかけている。早朝の禊《みそぎ》をすませ、緊張して祭りにのぞんでいる。

すでに祭場には、ムトゥの神職者たち、シマ人、それに外来者の見物人が大勢集まっている。祭場には映画用のライトが照らされ、他界と現世をつなぐ七ツ橋がくっきりと浮かんでいる中、イザイニガヤーは先導のイティィティィグゥルーとともに七ツ橋を渡り、神の宮に入っていく。このとき、洗い髪は激しく揺れ、「エーファイ」の声も甲高い。ノロ、ウメーギ、ハタ神は七ツ橋を挟んで、外間側、久高側に分かれて立ち、手を打ちながら「エーファイ」を発し、イザイニガヤーの七ツ橋渡りを見守っている。イザイニガヤーたちは神の宮に入りきるとすぐ踵をかえし、七ツ橋を渡り、現世側に出てくるが、この橋渡りが七回くりかえされるのである。

神の宮の暗い戸口からつぎつぎと飛び出してくる白装束の女性たちのなびく黒髪、ライトに照らし出された蒼白く神々しい顔。「エーファイ、エーファイ」の声はいよいよ甲高くなり、あたりを圧倒する。これはイザイニガヤーが他界に行くための橋渡りであるが、七回もくりかえすのは他界の遠さを表現している。

七回目の最後にはノロ、ウメーギ、ハタ神たちも神の宮に入ってしまう。そこで全員で神歌

「エーファイ」の声も高く駆け込んできたイザイニガヤーたちは、
七ツ橋を渡ってハンアシャギに入ってゆく。
シラタル宮の前にはギィガミたちがいならんでいる
(〈イザイホー・1日目〉1978)

が歌われる。雨音が混じる神歌《ティルル》の声は深い地底から湧き上がってくるように聞こえた。
神歌が終わると、イザイニガヤー八名はそのまま北戸口から神の宮《ハンアシャギ》を出て、他界である七ツ屋に入っていく。ノロ、ほかの神女たちはそれを見送ると、神の宮の南戸口を出て現世の集落に帰る。なお、七ツ屋でのことはいっさい、見ることも聞くこともタブーである。

〈二日目〉——

天気が悪く、どんよりとした空であった。祭場の参列状況は一日目と同じである。この日は、「洗い髪たれ遊び《ハシラリアシビ》」がおこなわれる。前日七ツ橋を渡って他界である七ツ屋に至り、そこで祖母霊と一夜を過ごしたイザイニガヤーたちが、洗い髪のまま現世側の庭に登場して神歌を歌う儀式がある。

午前十時、両ノロ、ウメーギ、ハタ神たちが白ハチマキ《シルサージ》に神衣の正装で祭場に集落側から入場、そのままイザイヤマに入っていき、しばらくしてイザイニガヤーたちを伴ってバイカン小《ヤ》屋《ー》(イラブー燻製小屋)横の通路に登場する。向かって左側の列はウメーギを先頭に、外間《フカマ》ノロ、久高ノロがつづき、そのあとにイティィグゥルー、さらにそのあと、イザイニガヤーたちが年齢順に並んでつづく。右側の列はハタ神で、これも年齢順に並んでいる。

列が整ったところで、一同は左掌で右掌を上から押さえるような仕草とともに、「エーファイ」のかけ声を発し、足を半歩ずつ出して庭に進み出てくる。神女たちの先頭が祭場にさしかかるころ、祭場西側に白装束で座していた男性神職者のニブトゥイが太鼓を打ちながら、「ヤージョクゥター」(ヤジクたちよ、の意)という神歌を神女たちに呼びかけるように歌う。
ニブトゥイが二節ほど歌いおわるころ、神女たちは「エーファイ」のかけ声をやめ、ウメーギ、外間ノロ、久高ノロが掌を重ね、足を半歩ずつ出して前進しながらハシララリアシビの神歌を歌いだす。ノロ、ウメーギが一節先唱するとハタ神たちが復唱する。ウメーギを先頭とする神女の隊列は時計回りに祭場いっぱいに三重の円を作っていく。円陣の中心は、ウメーギ、外間ノロ、久高ノロである。そのまわりはイティティグゥルーと八名のイザイニガヤーたちの円、そしていちばん外側をハタ神たちがとりまく。この三重の円陣はゆっくりまわりながら神歌をつづけ、厳粛な円舞は一時間ほどで終わった。

〈三日目〉——

三日目は「花さしあしび」とも呼ばれ、神女たちは頭に花を挿《さ》す。今日はイザイニガヤーたちが、シマの祭祀組織の長である外間ノロと根人《ニーチュ》から一人前のナンチュ(成女)として認証を受ける日である。以下、イザイニガヤーをナンチュに言いかえる。
この日の朝は、降りつづいていた雨がすっかりやんでまぶしい青空が広がり、祭場も華やかに感じられた。前の二日間と変わっているのは、三個の木臼が神の宮とバイカン小屋《ヤー》のあいだにさかさまにして置いてあることと、木椀に入れたスジ(細長い餅。濁酒《タルマミキ》とともに、穀物を管理する月の力の象徴でもある。イシキャー家で作る）がバイカン小屋《ヤー》の前軒下に八個並べられていることである。

まず、イティイティイグゥルーが神衣を着けて髪を結い、白ハチマキ《シルサージ》にイザイ花を挿し、首には真玉《マダマ》をかけて、ナンチュの支度をするためにイザイヤマへ入っていく。イザイ花は赤白黄の紙を細長く切って、竹グシに束ねてつけた造花で、赤は太陽、白は月、黄色は地を表している。祭場に居神《ギイガミ》（座して参列する神職者）がすべて揃ったころ、両ノロ家に集まっていたウメーギ、外間《フカマ》ノロ、久高ノロ、ハタ神が頭にイザイ花を挿して祭場に登場し、そのままイザイヤマへ入っていく。

しばらくたった午前九時過ぎごろ、ウメーギを先頭に一列になって外間ノロ、久高ノロ、イティイティイグゥルー、ハタ神、ナンチュの順にイザイヤマから姿を現した。ナンチュも髪を結い、白ハチマキをしめている。本来は、このときのナンチュはノロ、ハタ神と同じようにイザイ花を頭に挿している。ナンチュは前日までの胴衣《ルジン》、下袴《ハカン》の上に神衣を着け、神衣を胸元でより合わせ、こぶをつくりそれをひもでくくってとめている。この装いは久高島の神女《タマガエー》の正装で、祖《ウプ》母霊《ティイシジ》と合体した状態である。

一行は静かな調子の「エーファイ」のかけ声とともに半歩前進でゆっくりと祭場に進む。神《ハン》の宮《アシャギ》とバイカン小屋《ヤー》の中間あたりで久高根人《ニーチュ》が朱（今回は朱肉で代用）を持ってむかえる。根人は白衣を帯でしめ、下駄ばきである。まず先頭のウメーギが根人の前に進み出ると、根人は右手中指に朱をつけてウメーギの眉間と左右の頬の三カ所に朱を押しつける。さらに、ノロへの朱つけが同じ要領でおこなわれ、ハタ神とつづけられる。朱（赤）色もまた太陽の象徴である。

朱つけの終わった神女たちは静かな調子で「エーファイ」をつづけながら移動し、神の宮の前に西方に向かって四列に並ぶ。並び終えても「エーファイ」をつづけ、身体をゆっくりと左右にゆらしている。

つづいてナンチュの朱つけが始まると外間ノロが隊列を離れ、スジづけの儀式を根人の朱つけと並行しておこなう。ナンチュは木臼に、両親健在の者（神の宮側）、片親健在の者（真ん中）、両親がない者（バイカン小屋側）に分かれて座しており、兄《イシキヤー》が木椀に入れたスジを外間ノロに差し出すと、外間ノロは琉球青木の葉とともに大きなスジをとり、そのスジの先をナンチュの眉間と左右の頬に押し当て、スジを葉にのせてナンチュに渡す。スジは月の象徴である。

ナンチュはスジを両手で捧げ持ち、「エーファイ」のかけ声とともにバイカン小屋の東側にハタ神たちと向かい合うようにして一列横隊に並ぶ。ナンチュ全員のスジづけを終わった外間ノロはひとまず列に戻る。少し間をおいて年齢順にナンチュが速い調子の「エーファイ」を連呼してバイカン小屋裏通路を小走りでイザイヤマに退場する。その最後尾にノロ側の列にいたイティティグゥルーがつづく。

一方、ウメーギ、ハタ神の列はウメーギを先頭に外間《フカマ》ノロ、久高ノロ、ハタ神の順に「エーファイ」のかけ声とともに小走りでバイカン小屋《ヤー》横の通路からイザイヤマへ退場し、朱つけとスジづけの儀式は終わる。

つぎに、朱つけとスジつけが終わった喜びを神歌《ティルル》と円舞で表現する。いったんイザイヤマに退場したあと、ハシラリアシビと同じように、ウメーギを先頭に静かに「エーファイ」を唱えて白装束の神女たちが登場する。頭に挿したイザイ花は風にゆれ、まるでつぼみが開くように祭場いっぱいに円舞の輪が広がった。

ヒーユスマーヤ　(久しく)
ナマイガーヤ　(今日の良き日)
ムムトゥマール　(十二年ごとに)
ティントゥマール　(めぐってくる)
イザイホーヨ　(イザイホーよ)
ナンチュホーヨ　(ナンチュホーよ)
イティティグゥルー(イティティグゥルー)
ウトゥガニヤ　(ウトゥガニヤ)

マダマソーティ　(真玉をして)
ティダマソーティ　(手玉をして)
イティティバシラ　(五ツ橋)
ナナティバシラ　(七ツ橋)
アシトゥンシャン　(足音もなく)
ピイシャトゥンシャン(足音もなく)
ムルトゥヌギ　(軽々とこえ)
ムルグルイ　(とぶようにこえ)

タルガナーガ　（タルガナーの）
アムトゥシジャ　（始祖は）
マチヌシュラウヤサメーガ　（月神が）
タボーチメール　（管掌している）
クガニミスジ　（黄金の御スジ）
クゥガニウムトゥ　（黄金のウムトゥ）
ウサギノーチ　（スジつけをして）
ナンチュホーヨ　（ナンチュホーよ）
ヒャクゥニジュウガ（百二十歳までも）
タキブゥクイ　（タキが栄え）
ムイブゥクイ　（森が栄え）
フサティブゥクイ　（夫が栄え）
ウンジブゥクイ　（息子が栄え）
ムトゥサカイ　（草分けの家が栄え）
ニームテー　（根家が栄え）
シマサカイ　（島が栄え）
シマムテー　（島が栄え）
ヌハルユイ　（ノロの畑が栄え）
グゥユシユイ　（シマ人の畑が栄え）
ニシハイラ　（北に行く）
ハイニシラ　（北に行く）
フボヨリーガ　（久高人が）
アイジュハタ　（行くところ）
イトゥハティティ　（絹のように波静かに）
タビミソーリ　（してください）

朱付遊び《シュリイキアシビ》の神歌《ティルル》の前半

朱つけ遊びの円舞のあと、ハーガミアシビという、井泉《カー》、つまり水の神に対する感謝の円舞がおこなわれた。

喜びのうちに終わるイザイホー

〈四日目〉——

イザイホー本祭りの最終日であるこの日も晴天であった。午前九時頃、男性（ナンチュの夫）二人によって神酒《みき》桶が祭場に担ぎこまれ、祭場の中心に置かれた。これは二日前に作られた米の濁酒《タルマミキ》である。（同様に、外間殿《フカマトウン》の祭場にも神酒桶が据えられた。）最終日というためか、参列者も神女たちもにこやかで、祭り全体に晴れやかな雰囲気がただよう。

①ニラーハラー遥拝——午前九時過ぎ、ウメーギ、外間《フカマ》ノロ、久高ノロ、ハタ神たちが三日目と同じく頭にイザイ花を挿した装いで祭場に登場し、東方に向かって四列で正座、全員による合唱祈願がおこなわれ、終わると全員で神歌《ティルル》が歌われる。この儀式は久高島の他界と考えられている東方の海の彼方のニラーハラーに対するイザイホー終了の報告である。

②アリクヤー——アリクヤーは船の意。わらで編んだ綱が神船という設定である。この儀式は、参列していたニラーハラーの神々を送る儀式である。

神の宮《ハンアシャギ》を背にして神女たちが東西に並ぶ。東から外間ノロ、久高ノロ、ウメーギ、イティティグゥルー、ハタ神たちである。バイカン小屋《ヤー》前に、アリクヤーの綱が左巻きにして置かれている。神女たちの列が整うと根人《ニーチュ》がアリクヤーの綱の先端を持って先頭の外間ノロのところまでのばし、配された綱を神女たちが下から持ち上げる。綱は直径五センチほど、長さ二十五メートル以上ありそうなものである。すると、祭場の男神たちや正人《シヨウニン》（十六歳から七十歳までの男性）たちが神女たちの前に進み出て向かい合い、アリクヤーの綱を上からつかまえて持つ。

男側の先頭は根人で、外間ノロと向かい合い、ついでハニマンガナシー（男性ムトゥ神）、アカツミー、ソールイガナシー、村頭《ムラガシラ》、ハニーヌハンザァナシー（男性ムトゥ神）、正人（年齢順）がつづく。各人がそれぞれ神女と向かい合う形であるが、今回は神女三十四名に対して男は五十名ほどであったため、後尾の男たちは神女と向かい合うことができなかった。

綱を取り終えたところで神女たちがアリクヤーの神歌を歌うと、舟の櫓を漕ぐような動作で綱を上下にゆさぶりながら男たちが「ヤーサァネラン」（ひもじくない、満ち足りたの意）と合いの手を入れる。祭場の定座に座したニブトゥイは太鼓を打ちながら「ヤージョクゥター」の神歌を併唱する。

男たちのかけ声が入るため、これまでの神歌のような厳粛さはない。神歌が終わると、男たちは根人を先頭に綱を引き、祭場の二十メートルほど東にあるハンザァナヤマに向かう。神女たちはアリクヤーの綱を見送りながら速い調子で「エーファイ」を連呼し、足踏みのような動作をする。男たちは綱をハンザァナヤマに左巻きにして置く。神女たちは男たちが綱を納めるのを見届けると、「エーファイ」をつづけながらウメーギを先頭にイザイヤマへ退場した。

③家《アサン》まわり《マーイ》――アサンとは家の尊称である。この儀式では一人前の神女になったナンチュがノロや根人《ニーチュ》に伴われて自家に行き、兄と対面して盃事をする。この儀式によって、守られる対象が明確になる。

④桶《グウキ》まわり《マーイ》――イザイホーの無事終了を太陽と月の大神様、外間《フカマ》ノロの始祖に報告し、神《み》酒《き》桶のまわりを舞うものである。最初に外間殿《トゥン》でおこない、移動して久高殿でおこなう。家まわりを終えたナンチュは、家まわりのときにいったんはずした草冠《ハブイ》と白ハチマキ《シルサージ》を身内のものにつけてもらう。さらに琉球青木の葉を側頭部の草冠にはさんでもらい、身内の者が持ってきた青クバの扇を両手で胸元に持つ。

すでに外間殿入り口にきていたノロ、ハタ神の一行は、これまでと同様の円舞の入場隊形になる。ノロ、ウメーギ、ハタ神たちの服装はひきつづき同じであるが、右手にンチャティィオージという、表に赤い太陽と鳳凰、裏に白い月と牡丹の花を描いた大扇を持っている。表を内側にしてかざし持ち、左手は袖口を持つ。

イティティグゥルーの服装はハタ神らと同じであるが、首に真玉《マダマ》をかけ、手にはナンチュと同じように青クバの扇を持つ。真玉とは百二十個の薄青色の大豆大の水晶玉を糸に通したものである。外間殿の祭場の中央にはクバの葉をかぶせた神酒桶が据えられている。神女の居神《ギイガミ》は建物の中に座を占め、根人ほか男神たちは庭《ミャ》の南側、一段上がった台地に正座している。またソールイガナシーの二神は東側のデイゴの木の下に正座している。

入場開始と同時にウメーギ、外間ノロ、久高ノロの三名が桶まわりの神歌《ティルル》を歌い、ほかの神女たちはこれを復唱《ウィレー》する。神酒桶を中心にゆっくり三重円で舞われる円舞の足の運びはこれまでと同じで、両手合掌のかわりに扇を上下して調子をとるところが違う。後節の神歌「ウンヘーイヘーエヘー」の囃子が入って哀調があり、イザイホー終了にふさわしい。

終わるとその場で扇をたたみ、それを捧げて礼拝をする。ついで神酒のふるまいがある。外間殿の円舞が終わるとつぎに久高殿に移動し、同じ要領で桶まわりの円舞がおこなわれる。イザイホーの最終演目ということもあってか、ナンチュの中には泣いている者もいる。

円舞の先頭に立って常にイザイホーをリードしてきたウメーギの西銘シズさんの声も一段と甲高い。やがてこの円舞も終わり、一同は速い調子の「エーファイ」とともに三重円を解いて東向きの四列になる。先頭はウメーギ、外間ノロ、久高ノロで、ハタ神たちが年齢順につづき、最後尾はイティティグゥルーとナンチュである。列が整ったところで全員が扇を両手で捧げ持ち、四回礼拝する。

これで四日間にわたったイザイホーの本祭りはすべて終了し、神女たちはほっとした表情で神の宮《ハンアシャギ》を背にして座す。ナンチュたちは祭場の中心に据えられていた神酒《みき》桶から神酒を両ノロ、ウメーギ、ハタ神、居神、ユダリ神（二回イザイホーを体験した神女）、ウプシュ（五十歳から七十

グゥキマーイの円舞。大扇を手に踊る。
後ろの建物の右手が神の宮、左手がバイカン小屋
(〈イザイホー・4日目〉1978)

歳までの男性）たちに注ぎ、一般の参列者にもふるまう。ひととおり神酒のふるまいが終わったところで、男たちによって三線《サンシン》がかき鳴らされ、太鼓が打たれ、祝いのカチャーシー舞いがはじまった。

まず、イザイホーの主宰者ともいうべき外間《フカマ》ノロ、久高ノロ、そして終始先導役をつとめたウメーギが、一大行事イザイホーを無事終わらせた喜びと安堵感を全身に表して舞う。その舞いに加わるように、ナンチュたちが長い緊張から解放され、名実ともに一人前の久高の女となった喜びを顔いっぱいに表して舞う。つづいてナンチュの先導という大役を果したイティティグゥルーがうれしさいっぱいに舞う。ハタ神、居神《ギイガミ》、ユダリ神、一般のシマ人もつぎつぎと舞う。ナンチュの表情は自信に満ちていて、イザイホー前とはあきらかに違っていた。

喜びの渦は祭場いっぱいに広がり、ぬけるような青空のもと、いつ終わるともなく、舞いはつづいた。そして夜は各ナンチュ家で神女就任祝い《タマガエー》がおこなわれた。

私は、神女たちの終了の礼拝が終わったとき、これまでの緊張がすっと体から抜けて、へたへたと座りこんでしまった。ともかく、これほどまでに厳粛で、あでやかで、しかも世界観をみごとに凝縮して表現した祭祀は、私にとってもはじめてであった。

ニラーハラーの神々の来訪〈ハンザァナシー〉

旧暦四月、九月の年二回おこなわれる〈ハンザァナシー〉という祭祀がある。東方の海の彼方にある久高島のあの世ニラーハラーから神々が来訪し、島を祓い潔めてシマ人に平安をもたらすというのがこの祭りの趣旨である。あの世の神々はアカハンザァナシーと呼ばれている。アカは明るい色の意で、ハンは神、ザァナシーは敬称、つまり「明色の神様」というほどの意で、この神々は赤青黄などの彩色の神衣を着ていることから明色をイメージし、アカと呼称される。また、アカは昇る太陽の色彩を象徴していると考えられている。

あの世の神々とはムトゥに帰属する神々で、各ムトゥの始祖的神格である。平素はあの世に鎮まっているが、この祭祀のときにはこの世に直接現人神《あらひとがみ》として顕現し、その子孫たちに会うことになる。

ハンザァナシーは久高島の年中行事の中でも大きいものの一つで、準備、迎え、顕現、送りと、四日間にわたっておこなわれる。またこの祭祀はあの世の神々が直接この世にくるので、これを迎えるシマ人はいつもより厳粛にかしこまっている。

一日目は、神饌《しんせん》と祭場の準備が村頭《ムラガシラ》とその妻によってなされる。二日目は、神饌である餅作りがおこなわれる。しかし、二日目にはすでにあの世の神々は船で来島し、久高島の第一の聖地であるフボー御嶽《ウタキ》にきていると考えられている。いわば神々が待機している中で神饌を用意しているのだ。

一方、この日の午後、ノロ以下の新任神女を除く全神女たちがフボー御嶽に赴き、明朝集落にきてくれることをこの神々に要請する。この儀式を〈ンチャメーヌフェ〉（ンチャメーヌは神の御前、フェは礼拝の意）と称している。

三日目にいよいよ神々の顕現がある。午前三、四時ごろの暗い中で、各ムトゥの神職者はホーイホーイの声を発しながらムトゥを出て久高ノロ家に集合したあと、またホーイホーイを連呼しながらフボー御嶽へ行く。フボー御嶽に到着すると、雑事役《ソージヤク》が持参した神衣《ウブジン》を着る。この神衣着装の時点で、あの世の神々アカハンザァナシーがそれぞれの依代《よりしろ》となる神職者に憑依合体する。つまり神職者は、各ムトゥの始祖的神格の現人神《あらひとがみ》になる。

フボー御嶽で神歌《ティルル》を歌って円舞した後は、ホーイホーイを連呼して集落に向かう。時刻はまだ夜明け前である。

集落のはずれでは、白装束の神女たちがあの世の神々の一行を出迎え、あの世の神々は神女たちに伴われて外間《フカマ》殿《トゥン》の祭場に登場する。

以上は、戦前までの祭祀の模様として、ハンザァナシーの一人、西銘カメさんから聞いたものである。そのころは、あの世の神々が二十数神もいて、彩色の神衣でホーイホーイを発して行列するさまは壮観であったという。

私が一九七六年に見たものはいささか簡略されていたが、以下のようなものであった。

まずいきなり外間殿の庭から祭祀が始められる。早朝、彩色の神衣のあの世の神々は、外間殿の庭に白装束の神女たちが作る輪の中にいる。外間殿の建物の中には、外間ノロ、根神《ニーガン》、それに始祖神が座し、外部の庭には男性神職者たちと村頭《ムラガシラ》、長老たちが座している。このときは始祖神は東《アガ》リ大主《ウプヌシ》以下四神であった。

あの世の神々の最高神、東リ大主以下の神々は、ノーサと称する青茅の束を両手に持ちそれを上下にふりながら、足踏みをする仕草でホーイホーイと連呼する。やがて東リ大主の神歌が始まると、ほかの神々もこれに復唱しながら東リ大主のまわりを時計回りの方向にまわる。それをとりまく神女たちは手拍子でこれに和す。神歌は二拍子の単調なものであるが、声も震えがちでまさに神が乗り移っている感じである。神女たちも真剣な表情をしている。

神歌の内容は、あの世の神々が神船で来訪し、シマ人の歓迎を受けシマを祓い潔めるというものである。神歌の途中に「アマミヤ神よ、島創りの棒を地上に立てよ」と東リ大主が命令調に言うと、外間殿の縁側で待機していた久高島の創世神、水色の神衣をまとったアマミヤ神が身の丈ほどの棒をかざし持って円陣に入る。東リ大主らのまわりを激しく左にまわって、「私アマミヤは島創りの棒を地上に立てる」と早口で言う。東リ大主はこのアマミヤの登場を見届けると、つぎに「ヒーチョーザ神よ、刀で祓え」と命令する。すると、青色の神衣の雷神のヒーチョーザは円陣を出て、外間殿から刀身五十センチ位の刀をとり、また円陣に戻ると、刀を上下にふりながら「私は港を祓い潔め、出船入船の安全を守る」と唱する。

神歌が終わると、太鼓を持ったウメーギを先頭に、神女たちは一列になり西のユラウマヌ浜に向かう。神女たちの後方から、あの世の神々が東リ大主を先頭に青茅の束を上下にふりホーイホーイを発しながらつづく。外間ノロ他はそのまま外間殿に居残っている。

浜に着くとヒーチョーザ神の主導であの世の神々が港のお祓いをする。そのあと、あの世の神々と神女たちが二手に分かれ、集落を東西から囲むようにしてさらに集落のお祓いがおこなわれる。シマの人々も神々が通るときは家に鎮まっている。両グループはふたたび外間殿で合流し、その日は終わる。

あの世の神々はそれぞれのムトゥに帰り、そこに滞留すると考えられていて、同じムトゥに属する子孫はこの機会に始祖神に会うためにムトゥを訪問し、礼拝する。

四日目午後、ふたたび外間殿の庭に彩色の神衣のあの世の神々とノロ以下の白装束の神女たちが参集し、あの世の神を送る儀式がおこなわれた。

このおごそかで華やかな祭祀も、一九八〇年代から東リ大主など主要な神職者が不在になり、祭祀の大部分が省略されている。

ヒーチョーザ神。両手に青茅の束・ノーサを持つ
(〈ハンザァナシー〉1976)

豊漁の祈願〈ヒータチ〉

旧暦二月吉日、そろそろ寒さもゆるみときどき春を思わせるような暖かい日が訪れるころ、ヒータチ祭がおこなわれる。

ヒータチの語意の解釈は二説ある。一つは沖縄の伝統的な船、サバニの前方をヒーといい、イノーの岩礁に網を仕掛け、大勢で海面を叩き魚を網に追い込んで獲る追い込み漁の指揮者がそのヒーに立つことから「ヒーダチ」という説、もう一つは漁労の「日を立てる」説がある。久高人はこの祭りをソールイガナシーが主宰する大漁祈願であると受けとめている。

ヒータチは早朝、中折れ帽子に黒い着物の着流しで草履ばきに正装した二人のソールイガナシーが外間《フカマ》ノロ家を訪問するところからはじまる。両ノロ家にはすでにそれぞれのノロに帰属する神女たちが頭髪を結い紺地の着物を羽織る正装で、神衣一式と弁当を入れたフロシキ包みを持って集まっている。私が見た一九七六年には、総勢五十名であった。

両ノロ家では前日にソールイガナシーの妻によって届けられたイラブチャー（青ブダイ）一斤半（一斤は約六〇〇グラム）と米九合を使って調理した料理が訪問してきたソールイガナシーにふるまわれ、両ノロ家の守護神に対する祈願儀礼がノロの司祭でおこなわれる。このソールイガナシーの両ノロ家訪問は今日のヒータチ祭の実施を両ノロに依頼するというのが趣旨である。

ソールイガナシーから大漁祈願の依頼を受けた両ノロは神女たちを伴い、まず外間殿《トウン》で合流し、そこで外間ノロと根神《ニーガン》の司祭で手早く礼拝をおこなうと、外間ノロのウメーギ、両ノロを先頭にフボー御嶽《ウタキ》へ向かう。その日は風も穏やかで好天気であった。神女たちも弁当を持っているせいかピクニックへでも行くようなうきうきした足どりである。

フボー御嶽の近くまでくると先頭のウメーギ、外間ノロ、久高ノロの三名が一行と別れ、近くにある井泉ヤグルガーに向かう。神女たちはそのまま、フボー御嶽に入っていった。私はノロ側についていき、ヤグルガー手前でノロたちが禊《みそぎ》を終わるのを待っていた。

ヤグルガーは波が打ち寄せる岩壁の下にある湧き水である。今では顔や手足を洗う程度であるが、以前は寒くても水浴びをして身を潔めたということである。やがてウメーギを先頭に両ノロがヤグルガーの急勾配の階段を上がってきた。さきほどの紺地の着物から白一色の装束に着替えている。内衣は胴衣《ルジン》、下袴《ハカン》、外衣は白帯で二巻にしめて前で蝶結びにし、足は裸足である。この神姿はお祓いを伴う重要な祭祀のときのものである。

ノロたちはそのままヤグルガーの上の方にあるフボー御嶽に入っていった。フボー御嶽の入り口で待っていると、今度は神女たちも全員白装束になってフボー御嶽を出てきた。

神女たちはフボー御嶽で神衣《ウプジン》に着替えていた。白の神衣を胸元をより合わせこぶをつくるとひもでくくっている。頭には白ハチマキ《シルサージ》をしている。そして、弁当を持っている。足元は昔は

フボー御嶽からカベールへ、神女たちの
行列は進む（〈ヒータチ〉1976）

もちろん裸足であったが、今は、つぎの祭場まで遠いということで草履を履くことが許されている。

フボー御嶽《ウタキ》を出ると、一本の農道が北にのびている。その道が終わるところ約一キロ先に今日の主祭場カベールがある。ウメーギを先頭にノロ、ムトゥ神、神女たちが年齢順に一列になって進む。私はその最後尾につく。春を思わせるポカポカと暖かい日であった。

農道は轍《わだち》が二筋ついている。轍が踏み残した中央部と両端には、カヤの穂花が一面に連なって咲いている。朝の陽光を浴びて、その小さい穂花はますます白く、ふくよかである。道の両側にはアダンの群落、その中にシャリンバイの花が、今は盛りと咲き誇り、甘い香りを、アダンのとげとげしい濃緑の葉にふりまいている。そんな中を白い神女の行列が通っていく。自然と一体になった美しい光景である。

クバの森をぬけると海が開け、ゴツゴツした、サンゴでできた岩場が広がる。北の洋上にタ一キビシという岩礁、そのはるか先に津堅《ツケン》島が見える。ここが今日の祭場のカベールである。カベールは神の原の意。その背後のクバの森、カベールムイに白馬の神姿をした海の神が依り憑くと信じられている。

到着すると神女たちは祭祀の雑事係であるソージヤクがあらかじめ用意しておいたつる草の唐《カラ》ツルモドキでそれぞれハブイという冠を作り、白《シル》ハチマキ《サージ》の上からつける。ウメーギとノロは頭髪にじかに冠をつける。

つる草を束ねたものを持ちインパナ（海の端の意）と称する岬の先端のゴツゴツした岩場に、海を背にして立つ。真ん中に外間《フカマ》ノロ、右にウメーギ、左に久高ノロ（実際は体調悪く、この場面は不参加）である。その他の神女たちは、ノロたちより十メートルほど離れて相対する。岩場に立つ最前部は根神《ニーガン》とムトゥ神、その後ろに年齢順に神女たちが八列横隊になる。海辺はさすがに風があり、神女たちの草冠《ハブイ》の細長い緑葉がゆれている。

やがてノロたちがつる草の束を頭上に振り上げて足下の岩石に打ちおろしながら神歌《ティルル》を歌う。ノロたちが一節歌い終わると相対している神女たちは合掌の仕草をしてゆっくり左右に体をゆすり、調子をとりながらノロたちの神歌を復唱する。

ムティンディン、　（六つの手）
ヤティンディン、　（八つの手〔タコの意〕）
シュトゥガイユン、　（シュトゥという魚）
ウプシャイラディ、　（多いのを選んで）
マギサイラディ……　（大きいのを選んで）

カベールでの祈願（〈ヒータチ〉1976）

どことなく哀調をおびたその神歌《ティルル》は、風に乗って高く高く、どこまでも青い天空に吸い込まれていく。太陽は真上にあり、あふれんばかりの光がこの神女たちにふりそそいでいる。青い海は水平線の彼方まで静かに広がり、波はノロたちの背後の岩にザァザァーッと音をたててくだけ散る。この波のリズムはまるでオーケストラのシンバルのように神女たちの神歌に和している。

この大自然の中、ただひたすら豊漁を願う神女たちの真剣な姿は神そのものであった。ノロたちが草束を振り下ろす仕草はまだ外洋に出る船のない時代、イノーでの海面を叩いて魚を追い込んだ漁のやり方のバンタタキャーを再現したものであるといわれている。三十分もたっただろうか、この感動的な場面は終わった。

その後二カ所の岩場で草束を置いてノロたちの祈願がおこなわれて、カベールでの儀式は終了した。神女たちは草冠《ハブイ》をとると、思い思いの場所に座し、持参の弁当を開いた。しかしここでは少し食べただけで、すぐフボー御嶽《ウタキ》に移動した。フボー御嶽ではノロ司祭の祈願がおこなわれた後、供えた赤飯のおにぎりなども配られ、あらためて弁当が開けられ昼食となった。

ゆっくり会食を楽しんだ後、大漁祈願の大任を果たした神女たちは祭列を整えてムラへ帰っていった。

草の束を振るう外間ノロ（左）とウメーギ
(〈ヒータチ〉1976)

新たなる年への祈り〈正月〉

終戦直後ごろまでは沖縄のほとんどのところで旧正月がおこなわれていた。やがて新暦でおこなわれる学校行事や行政の日程と合わないということで、旧暦でおこなわれる旧正月が廃止され、今日では多くのところで新暦での新正月になっている。そんな中にあって、久高島は今日でも旧正月がおこなわれている。農業、漁業のサイクル、年中行事が旧暦でおこなわれているからである。

久高の正月料理は豚肉を使わない質素なものであるが、年頭のあいさつや健康の願いは儀式としてきちっとおこなわれる格式の高いものである。平素は過疎な島も正月ばかりは出稼ぎに行っていた若者たちが帰り、にぎやかになる。

正月にはシマレベルと家レベルで儀式がおこなわれるが、シマレベルの儀式の神饌を作るため各戸からお金、芋、米が外間殿《フカマトウン》と久高ノロ家にウメーギ、村頭《ムラガシラ》によって集められる。神饌を作るのは雑事役《ソージヤク》である。

また外間殿では守護神を祀る香炉の前には、赤白黄の三色紙とミカンが飾られる。三色紙の赤は太陽、白は月、黄は土地の象徴である。この三色紙とミカンは各ムトゥ、各家庭でも同じように飾られる。

以上のように準備がなされると、大晦日にティンユタが依頼家を訪問し、家族一人一人の健康を同家の守護神である火神《ヒルカン》、主婦の香炉《トゥパシリ》、当主の香炉《トゥクゥヌハミ》に祈願する。依頼家の多いティンユタは早朝から夕刻まで大忙しである。

いよいよ元旦になると、家の門口には日の丸がはためき、着飾った子供たちが道を行き交い、いやがうえにも正月気分がシマを包んでいる。シマに水道が入る以前は、各家の女性は早朝、若水を汲みに井泉《カー》に行っていた。汲んできた若水で顔を洗ったという。

各ムトゥでは朝早く、それぞれの神職者によって、正月の礼拝がおこなわれる。午前九時になると、太鼓の合図で、紺地の着物に白足袋の神女（雑事役を終えた以上の階層）がまず外間《フカマ》ノロ家に集まり、同家で礼拝をした後、外間殿へ行く。外間殿の庭には、根人《ニーチュ》と各ムトゥ男性神職者が白衣の着流しで、それにソールイガナシーが中折帽と黒い着物で、正人《ショウニン》（十六歳から七十歳までの男性）の年配者は着物、若者は背広で座し、殿の上座に、中央に根神《ニーガン》、外間ノロ、その側に外間根家《ニーヤー》関係の女性神職者、下座には外間ノロのウメーギ、タムトゥ（六十歳から七十歳までの神女）、各ムトゥの神女が白い神衣を羽織って座している。そのほかの神女たちは庭の東側の上座に座している。

この座順からもわかるとおり、男性は神職者といえども建物の中には入れず外部に座し、根神、外間ノロをはじめ建物の中に座する女性神職者たちを拝する構図になっている。つまり、女性が神を担い、男性はそれに守護される存在ということが座順でもわかるのである。

殿《トウン》の内部にある守護神に外間《フカマ》ノロの礼拝がおこなわれた後、外間ノロや、殿の中に座していた神女たち、それに外にいた神女たちが、庭に殿と正対して八列横隊に並ぶ。外間ノロと太鼓を持ったウメーギは最前列である。シマを守護する責任者としてのノロはじめ全神女たちによって、シマ人の守護のために今年も祭りをとりおこなうという内容の神歌《ティルル》が外間ノロに乗り移った祖神《シジ》の言葉として歌われる。

つぎに盃取り《シャクトゥイ》という盃事がおこなわれる。これは、根神《ニーガン》（月神を背景にシマ人の命運を司る役目）と外間ノロ（シマ全体の守護の代表）に対して酒盃を差し上げて、一年中の健康を祈願するというものである。この盃事は元旦と三日におこなわれる。元旦は男性から、三日は女性から始められる。男の場合は泡盛で、女の場合は米の濁酒《タルマミキ》である。盃事は献盃、返盃の形式でおこなわれる。

二人一組の盃事が終わるとその喜びをカチャーシー舞いで表現する。三線《サンシン》、太鼓、手拍子が鳴り、笑い声が島中にひびく。正月が最も華やぐ刻《とき》である。盃事の間には、殿の中の神女たちによってゆったりとした調子の歌が歌われている。昔は根人《ニーチュ》の盃事のときにつぎの歌が歌われた。

アガリナーニ、ウチンカティ　（東方に向かって）
トゥイヤウタティ　（鶏は鳴いて）
ウプクゥバラヨー　（成女たちよ）
ウプチンウチアキティ　（女陰をうち開けて）
ムルトゥヌギムルグルイ　（〔交合のさまの意〕）
ユティィークリーヌナシグヮ　（男の子の）
ウヌゲサビラ　（誕生を願いましょう）

この歌は卑猥だからといって西銘シズさんはなかなか教えてくれなかったが、聞いてみると卑猥どころか、鶏が鳴いてと表現されているとおり、昇る太陽と交わり子供を産もうという雄大な歌である。根人の盃事に歌われたのは、根人が太陽神を背景に祭祀を司る神役だからであろう。

なお久高島では正月の元旦から三日まで、豚肉は食べず、神饌もふかし芋、煮魚、濁酒である。昔は三日の盃事が終わってから豚を食べたという。

害虫祓い〈ハマシーグ〉

おそらく自然物採取生活のときは、生活のまわりにある動植物に対して、有益なものとそうでないものの区別はあったが、積極的に排除したとは思えない。有害なものには近づかず避けていたと思われる。つまり、有益なものとそうでないものを、ともに自然の中のあるがままの存在として考えていた。ところが、自然物を栽培管理する農耕が始まると、まず穀物といった有益なものが明確になることによって、この有益なものに害を与えるような植物、虫や鳥獣類もはっきりした。そうしてこの害を与えるものを排除するという、少しおおげさにいえば、自然にあるものに対して人間中心で取捨する考えが始まった。

ここで述べる害虫祓いも、農産物に害を与える動物を排除する儀式である。人間中心の考えがだんだんエスカレートした近代農業では、農産物に害を与える生物は当然排除撲滅するものと考え、生物としての存在は無視されている。ところが、久高島の害虫祓いの儀式では害を与える動物を、抹殺しようというのではない。ただ同じ場所にいては困るのでよその異界に行ってもらうという発想である。この発想は、まだ久高人が自然との共生感覚を失っていないことを示している。

儀式の日は、なぜか旧暦の三月二十九日に決まっている。このとき季節は春で、農作物の生長するときである。儀式の場所は、集落の西にあるユラウマヌ浜である。久高島では、太陽の昇る側にあるイシキ浜を神聖なところ、太陽が沈む側にあるこの浜は俗なるところと考えられている。儀式の時刻も太陽の沈む直前の夕刻におこなわれる。

儀式の主宰者は、村頭《ムラガシラ》と呼ばれる現在の自治会長のような役職者である。祭場であるユラウマヌ浜は今日では埋め立てられて、今、漁船はこちらにつくが、かつてはなだらかな砂丘が広がる美しいところであった。外間《フカマ》側、久高側の二人の村頭がこの砂丘のアダンの蔭に、白い布をテントのように張る。ここがノロたちが座す場所になる。白い布張りは単なる日光除けというよりも、太陽神に照らされない祭場ということに意義がある。

シマ人がそれぞれの畑で取ってきたバッタ類、カタツムリ、ネズミなどを村頭のもとに届ける。村頭は、バナナの葉の茎で船体を作り、フクギの葉で帆を立てた船を作る。そうしてシマ人が届けた害虫を紙で包みこの船に乗せる。

村頭の準備が終わったころ、午前中フボー御嶽《ウタキ》に行って害虫祓いの祈願をすませたノロ、根神《ニーガン》、ウメーギと神女たちがやってくる。全員紺地の着物である。それから中折帽に着物の着流しのソールイガナシー、それに大主《ウプシュ》と呼ばれる男性長老たちもきて、白布のテントの下に座した。シマ人たちもご馳走の重箱をもって祭場のまわりの木蔭に席をとっている。

全参加者がそろったところで、村頭は用意した害虫を乗せたバナナの船をもち浜の水際に行く。

その日は天気もよく太陽もすでに西に傾いてはいるがまだ輝きは衰えず、その白い熱を凪の海面に落としていた。村頭《ムラガシラ》は波のリズムを見計らって、害虫船を流す。引き波にうまく乗ると、緑の帆船はすっと沖にすべり出していった。村頭は合掌しこれを送る。ノロたちもこれに和している。害虫たちはこの船に乗って、太陽が没する彼方にある害虫たちの本来の居場所に行ってもらうことになっている。

村頭は害虫船が遠ざかっていくのを見届けると、ノロたちのいる白布張りの座に戻る。そうしてノロたちに酒盃をさしあげ、害虫が流れていったことを報告する。

その後は、参加者がそれぞれ持参のご馳走を開き、夕映えの浜辺でひとときをすごすのである。

なおハマシーグのハマは浜、シーグは祓うほどの意である。

第七章——自然から紡ぎ出した物語

アキダチ・日の出（イシキ浜、1976）

太陽と月と海

見上げると天空があり、見渡すと水平線まで広がる海、その海の彼方から昇り、島の天空をまわり西の地中、本島の島影に入っていく太陽、その太陽は生まれて没していく半円の軌跡の中に、白い熱を持った光の強弱を放ち、朝、昼、夜の、明と熱のグラデーションを作る。一方で、太陽は昇る場所の移動《ズレ》によって、夏、冬の寒暖の差をうむ。

太陽が地中に入ると暗になり、その暗を照らす月が昇る。月はその満ち欠けで明暗のちがう無熱の優しい光を発し、夜の暗に彩りをつける。この大自然のバイオリズムを受けて久高の人々は、太陽と月を神として、面として広がる天空と海を神のいる場所として考えていった。歩いても二時間あれば一周することができるほどの広さで大海原に孤立する久高島は、島のたたずまいそのものが大自然の生成の波長を受信する装置になっている。そこに太古から住んできた久高人も、大自然をあるがままに受け入れて暮らしてきたことは想像に難くない。人々は大自然の動きを、物語にすることによって受け入れていったのである。

〈太陽の神〉――

久高島から見る太陽は、夏は島の北寄りに、冬は島の南寄りにズレて、水平線の彼方から昇る。とくに天気のよい夏の日の出はすばらしい。水平線のあたりが明るくなったかと思うと、太陽はまばゆい白い光の塊となって水平線をかき消してぽこっと頭を出し、ゆっくり昇っていくにつれ、上衣を脱ぐように光をまわりの天空と海原にひろげてから、くっきりと姿を現す。夜のとばりに包まれていた天空と海原はまるで太陽の出現を飾るかのように七色に染まる。太陽の行く先を示す一本の光の道が水平線から島の際までのびてくる――

この日の出の太陽を古来から久高人は神と仰ぎ、神歌《ティルル》で「七色の羽を持つ不死鳥」（ビンヌスゥイ）、「白い光の羽根」（マジャバニ）と称え、太陽こそがこの世に生命力を与える存在と考えた。

久高人にとっては御嶽《ウタキ》もニラーハラーも祖霊の存在するところとして同次元的に受けとめている。しかし、この太陽と月は別次元で、太陽神を〈ティントゥガナシー〉（天にある尊い存在）と呼び、地上に降臨するなどという発想はなく、仰ぎ奉っている。久高島では、ほかの神話などにみられるように、太陽の神が人格化されたり権威の象徴とされたりしない。

太陽の一日の周期では、日の出から朝のうちの太陽がその守護力が強いと考えられ、とくに健康を願う祭祀はこの時刻におこなわれる。たとえば、ニラーハラーの神々が島を訪れるのは日の出《アキダチ》である。中天にある昼の太陽は拝まないし、太陽が西にかたむき始めると、太陽の力もだんだんと衰えると考え、この刻《とき》は死者供養、害虫祓いの祭祀がおこなわれる。

太陽のイメージを男性的ととらえたのか、太陽神は男性の守護神で、男性を代表する神職者の根人《ニーチュ》が太陽神を司る。なお、太陽がある昼は男の刻と考えられている。

太陽を祀る香炉はないが、シマレベルの中心祭場である外間殿《フカマトゥン》に太陽神へ神饌《しんせん》を供える高膳がある。根人が司祭する太陽神の祭祀は、旧暦八月に〈テーラガーミ〉（太陽神の意）というものがある。五十歳から七十歳までの男性、大主《ウプシュ》たちが参加しておこなわれるもので、太陽を象徴する扇でシマを祓《はら》い潔《きよ》めるという内容である。それからイザイホーの三日目のとき、根人は太陽神を司る存在として、太陽の守護力のシンボルである朱を神女たちの顔につける。

また外間ノロと外間根家《ニーヤー》の女性たちだけの太陽神の祭祀がある。旧暦六月十六日は太陽の誕生日と考えられ、〈ミルクゥグヮティ〉（新しい六月ほどの意）という太陽の誕生を祝う祭祀が、神饌を供えて簡素におこなわれる。なお太陽は普通、「ティダ」と呼ばれている。

〈月の神〉――

月も、太陽と並ぶ久高島の最高神である。月神は〈マチヌシュラウヤサメー〉（マチは待つ、シュラは美しい、ウヤサメーは尊い親の意）といっている。月の光の柔らかなイメージが女性のイメージと同質と考えたのか、月神は神女たちの象徴で、家レベルでは根神《ニーガン》が、シマレベルでは外間ノロがその司祭者である。

また月は女親であって産む能力を持っていて、久高人一人一人の命に責任があると考えられ、出生のとき、結婚のときは月神に報告し守護を頼む。年始めの健康願いも月神に祈る。穀物を生産する力も月神で、麦、粟で作った濁酒《タルマミキ》は月神の守護力を持った尊いものである。麦、粟の農作祈願祭祀はこの濁酒を神女たちが「共飲して」おこなわれる。

太陽が一日の周期を考えるのに対し、月は一カ月の周期で考えられる。つまり、月の満ち欠けによって月日を読む。月もその光によって守護力が発揮されると考え、十三、十五、十八夜は守護力が強い吉日と考え、祭祀の適日である。イザイホーも十五日の満月の夜から始まる。

一年で月神の守護力である月光が最も充実しているのは旧暦八月の十五夜である。この満月の夜に穀物の豊作と神女たちの健康願いがおこなわれる。月神も太陽神と同じく地上に降臨することはなく、香炉もないまま、神饌を供える高膳が外間殿にあるだけである。月神を象徴する色は白である。また月は普通、チチと呼ばれている。なお、日食は月神と太陽神の逢引きといわれている。

〈海の神〉――

この世の島をあの世ニラーハラーにつなげる海、外洋《フカ》を祭祀の中では竜宮《リューグウ》と呼んでいる。遠浅の海イノーは太古から陸の続きにあって魚介類の採取場であり、竜宮といわれているところはイノーの外に広がる外洋である。そこは簡単に行けない未知の異界である。

後年、男たちはこの未知の海に船で漕ぎ出るようになったとき、外洋の恐ろしさを知った。そうしてそこにはこの大海をコントロールする神が存在すると考えたのである。これが海の神である竜宮神である。竜宮神が白い馬の姿で現れることなどは第三章ですでに述べた。

〈時の刻み〉――

久高島に「子《ね》の刻《こく》」「寅《とら》の刻」という、夜と昼をいう言葉がある。これは十二支でいう時刻ではない。子の刻は、日没直後から日の出前までをいう。寅の刻は、昼の、日の出から日没までである。夜は女の刻《とき》、昼は男の刻、夜は月神の刻、昼は太陽神の刻である。そのそれぞれの刻に、祭祀という物語が展開する。

家庭での健康願いでは、一年の節目を旧暦六月二十四日（ウマリカシという。ウマリは誕生の意、カシは不詳）と旧暦十二月三十一日（御《ウ》願《ガン》結び。大晦日の拝ともいう）にしている。この二つの節目にティンユタによって特別の祭祀がおこなわれる。この節目はそれぞれ夏と冬の基点であり、一年を夏と冬の、二つの季節に分けて考えている。つまり、一月から十二月までを一サイクルとしてではなく、夏季と冬季をそれぞれ独立したものとして考えて、農事暦による祭祀以外の健康にかんする祭祀は、シマレベル、家レベルともにこの二つの季節に合わせて組み立てられている。たとえばハンザァナシーが旧暦四月と九月におこなわれるように、それぞれの季節に祭祀がとりおこなわれる。

暮らしの中の神

さて、ここまで記してきた神々は祖霊神的なもの、自然神的なものであった。では、実生活と深く結びつき、人間が生きていくうえで欠くことのできないものはどうであろうか。久高の人々はこれらを、神というよりも祈願の対象にしている。それは火、水、便所、屋敷であり、これらを総称して御恩《グウン》といっている。つまり、感謝すべきものということである。

〈火の神〉――

火の神・火神《ヒルカン》については第四章ですでに述べてあるので、ここでは簡単に補う。

生活神の中でもとくに火は尊ばれる。ここでいう火は、水や植物のように自然にあるものではなく、人間が作り出し守ってきた火である。おそらく久高島の遠祖たちにも火を囲んで生活があり、家族ができ、家ができていったのだろう。今日でも家の呼び名をヒブイ（煙の意）といっているのは、火（カマド）が生活の中心と考えている証《あかし》である。

火を守り、食物を炊き、家族を守ってきたのは主婦である。家が建てられ新家庭ができると、大カマド（火神）が据えられる。以後、火神は家の興亡とともにあり、分家に分けたりすることはない。しかし、昔は家に死者が出たときには、東の浜から石を拾ってきて、カマドを新しくし、火の神もあらたにたてた。しかし、現在はほとんどの家庭で大カマドがなく、火神はガスコンロのそばに置かれた香炉ということになっている。

〈水の神〉――

水も、火と同じく人間が生きていくうえに、なくてはならない大切なものである。火のあるところに家があり家族があったように、水のあるところに集落があった。久高島の水源地は西海岸に多い。サンゴ礁岩の割れ目からしみ出る程度の水量のものが多く、その湧き水を溜めたものを井泉《カー》といっている。

井泉は古い順に島の北から南に点在している。島の北辺の聖地群に対応して古い井泉が五カ所ある。そのうち三カ所は禊《みそぎ》用の井泉になっている。南辺の現集落に対応して井泉が五カ所ある。水道が引かれる以前は四カ所の井泉が生活用水として使われていた。そのほかに、創世神話の拝泉である徳仁《トゥクジン》ガーがある。

拝所の井泉にはそれぞれ司祭者が決まっている。ちなみに古い井泉の司祭者を挙げると、ハタブチガーは始祖神のシラタルとファガナシー、ヤグルガーは外間《フカマ》ノロ、クゥンディガーは外間根人《ニーチュ》、ミガーはソールイガナシー、イザイガーはニブトゥイである。

久高島は今でこそ本島から水道が引かれ、水利用は便利になったが、かつては水は貴重なものであった。水汲みは女たちの仕事であったが、夏の旱魃《かんばつ》のときには少ない水量が更に少なくなり、水の確保が大変であったという。

昔は〈ウビージン〉という水の神を祀る神職者がいた。イザイホーのときにはこのウビージンが司祭する儀式の場面がある。

〈便所の神〉——

久高島でも戦前まではほとんどの家庭に、石造りの豚小屋兼便所があった。豚が入っている

拝泉ヤグルガーでの祈願

ところを「ワーンプン」（ワーは豚、プンは所ほどの意）といい、便所を「フル」という。

旧暦二月と八月におこなわれる屋敷のお祓いのとき、最後に便所に対して御願《ウガン》がおこなわれる。そのとき便所に〈フルヌハミサマ〉（便所の神様）と呼びかけている。また願い詞に「便所の神様、排泄は水の流れのようにスムーズにさせて、健康にさせてください」とある。人間は排泄が順調におこなわれてこそ健康であり、だから排泄の場所は尊いところである。便所を軽く考えると便所の神様が怒り病気になる。つまり、人間の健康状態を司っているのが便所の神様ということである。第五章にも記したように、魂込めのときに戻りにくい魂も便所の神様に願うと必ず戻るといわれるほど、力があるのである。

〈屋敷の神〉――

久高島ではとくに屋敷神などというようなものはない。ところがそれと見まがうようなものが何カ所かの屋敷にある。それも御恩《グウン》と呼ばれるもので、だいたい屋敷の東すみにある。セメントや板などで作られた小さい祠で、中に香炉を置いてある。

この御恩の置いてある屋敷は居住者が絶えるとか、何らかの理由で空屋敷になったところである。久高島では土地はシマ人の共有のため、別の人が空屋敷に容易に家を作ることができるが、この場合、後住者は前住者の屋敷に入れてもらっている感謝をこめて、祠を作り崇めているのである。屋敷御願のときにはこの祠にも感謝の礼拝がおこなわれる。

妖怪ヒジムナーの話

シマの伝承の中には妖怪も出てくる。つぎの話は、西銘シズさんが、祭祀の話の合間に話してくれたものである。なお、ヒジムナーとは妖怪の意である。

〈焚き火をするヒジムナー〉「大正の頃、門《ジョウ》内間のオバー（おばあさん）、ヌン殿内《ドウンチ》のオバー、内間のグルパパー（おばさん）の三姉妹でよく漁に出かけていた。ある年、正月に使うタコを採るため海に出かけた。するとイシキ浜近くにあるアコウの木の下で焚き火をしている男女数名のヒジムナーを見た。そこで三姉妹がヒジムナーに向かって『青年たちよ、大漁だったか』と声をかけたところ、ヒジムナーは山の中へ逃げていった。ヒジムナーは赤髪で、下半身がなかった」

〈子を産むヒジムナー〉「クゥンブチ山とハンザァナ山（集落の中心にある）で臼をつく音が聞こえた」

この音は戦後まで聞いた人がいたという。先代の外間ノロの話では、この臼つきの音はヒジムナーが子供を産み、そのお祝いの支度をしているところであるという。

〈アコウの木に住むヒジムナー〉「大正の頃、ある久高のオバーが集落近くのウプンディィ山の森に薪を取りに行った。ところが薪を取っているとき目を傷つけてしまった。これは何かの祟りであろうかとユタ（巫者）のところへ行ったところ、ユタにヒジムナーが憑依して『おまえはわたしたちが生活しているアコウの木を切って、わたしの子供を殺すつもりか』といった」

〈ヒジムナーにさらわれたンダルー〉「大正の頃、屋号がフトゥキヤーというところのンダルーというおばあさんが昼、海でタコを採っていた。その中に青色の足が九本あるタコがいた。ヒジムナーが来て、『これはヒジムナーダコだからよこせ』といったが、ンダルーオバーはこれを断った。それから数日後、ンダルーオバーの家にヒジムナーが現れ、ンダルーオバーを水汲みに一緒に行こうと誘った。ところがその後、ンダルーオバーは桶もひしゃくもミガーに置いたまま行方不明になってしまった。島中の人が出てさがし、三日目になって誰かがヒジムナーの住むウプンディ山にあるヒジムナー洞穴《ガマ》をさがしたらといったので、皆で行ったところ、ンダルーオバーはそのヒジムナー洞穴にいた」

ンダルーオバーの話では、ヒジムナー洞穴にはヒジムナーの男女がたくさん住んでいて、ンダルーオバーはヒジムナーの食事の赤土《アカンチャ》ウバイ（赤土のおにぎり）を食べさせられた。ンダルーオバーは赤土を食べたせいで、帰って間もなく死んだという。このことがあってから、ウプンディ山のヒジムナー洞穴をシマ人たちが石で埋めてしまった。その後はその洞穴でのヒジムナーの話はないから、ヒジムナーは死んだのだと話者の西銘シズさんはいう。

〈ヒジムナー火《ビー》〉「ヒジムナーはよく漁《いさ》りをする。夜の海に火が見えるのは、ヒジムナー火なのだ。ヒジムナーは両親指に火をつけて漁りをする。ヒジムナーが漁りをした後には魚はいなくなる」

〈もらい火をするヒジムナー〉「昔、古ムトゥの一つである並里家《ナンザアトゥ》に、毎朝ヒジムナーが『火をおくれ、おばさん』といってきた。並里家の人が『火は何に使うか』と尋ねたところ、ヒジムナーは『干瀬《ピシ》の赤い魚青い魚と土を一緒に炊いて食べる』といっていた。並里家ではヒジムナーの火もらいがあって後、八月の祭りのときに神歌《ティルル》を歌うようにしたら、その後はヒジムナーは現れなかった」

〈ヒジムナーに顔を焼かれた海人《ウミンチュ》〉「大正の頃、ユナンミのオジー（おじいさん）が夜、南の干瀬《ペーンピシ》にミーバイ（ハタ）を釣りに船《サバニ》で出かけた。すると、ヒジムナーが親指に火をつけて漁りをしているのに出会った。そこでユナンミのオジーは思わず『いやだ、下半身のない幽霊』といってしまった。するとヒジムナーは怒り、ユナンミのオジーの顔を指の火で焼いた。ユナンミのオジーは驚いて、船も捨てて逃げ帰った。ユナンミのオジーの顔にはヒジムナーに焼かれたあとが黒く点々とついていた」

ここに記した数例の話から久高島のヒジムナーを考えてみたい。

ヒジムナーは神でも人間でもない。どちらかといえば神より人間に近い存在として考えられている。髪は赤く、下半身がない。男女がいて子供も産む。アコウの木またはその下がヒジムナーの住居である。人間の言葉を話し、聞くこともできる。食べ物は赤土のおにぎりと魚を火で炊いて食べる。ヒジムナーは漁《いざ》りが得意で、両手の親指に火をともす。——

ヒジムナーはふだんは人に対して無害であるが、人間がヒジムナーの物を盗ったり、悪口を言ったり、ヒジムナーの生活の場を荒らしたりすると怒り、仕返しをする。しかし、それも悪どいやり方ではなく、どこか幼稚である。

また人間の側も、ヒジムナーに対して住居を石で埋めてしまうとか、神歌《ティルル》を歌って追い払うなどの仕返しをする。ヒジムナーに対しては、悪霊に対するような絶対的な恐れの感情はなく、異界の存在であるが、どことなく人間に似ていて親しみがあり、むしろヒジムナーの世界をのぞいてやろうという感情がある。

西銘シズさんもヒジムナーの話になると、子供たちのママゴトでものぞいているような感じでユーモラスに話す。しかし、「近年はヒジムナーの話も聞かない。戦争で死んだのだろう」とシズさんはいう。「電気がつき、テレビも入り、生活が豊かになったと人間たちが思ったときからヒジムナーはどこかへ去っていってしまったのだろう」と。

しかし、ヒジムナーが住めるアコウの森が繁り、心やさしい人間たちが住んでいる島がほかに残っているだろうか。

第八章——誕生・結婚、そして死

棺を運ぶアカウマー

生まれ変わりとしての誕生

久高島ではお金がたくさんあって物質的に豊かであるより、子供がたくさんいて子孫が繁栄している家を「栄えている」と考える。ものやお金はどんなにあっても持ち主が生きているあいだの一時的なものであるが、子供は親（祖先）の生まれ変わりであるから、子供の誕生は命がつづいていくあらわれなのである。

子供がぶじに生まれ、健康に育ってほしいと思う気持ちは今日も変わらないが、この親の心情は、幼児の死亡率が高かった戦前ごろまでは、より切実な問題であった。現在では、幼児の死亡原因は科学の判断にゆだね、その予防も科学的に考えている。しかし久高島では、少なくとも〈誕生儀礼〉がおこなわれ始めたころは、「新生児は神から授けられ、その死亡は悪霊がもたらす」と考えられていた。出生後、とくに生後一年のあいだは悪霊に奪われやすいと考え、悪霊から幼児を守るすべを考え、これを形にして継承していったのである。

それでは、久高島の伝統的な誕生儀礼を見ていきたい。

まず、五体満足な出産と安産のための禁忌として、①足を曲げて寝るな、②妻が妊娠中の夫は死者の棺を担ぐな、③葬式に行くな、④死者の出た家の室内に入るな、⑤死者を納棺するところを見るな、⑥口裂唇の子が生まれるから欠けた茶碗を使うな、⑦胎児の臍《へそ》が曲がるから夫はタオルを首に巻くな、がある。それから、⑧お産が軽い犬にちなんで五カ月目の腹帯を締める日は戌《いぬ》の日を選ぶという決まりもある。

つぎに、悪霊から新生児を守るためにおこなうことをあげると、

①産室《ジール》はふだん、穀物の種や味噌ガメを保管している裏座《ティミ》である。藁綱《わらづな》を吊し、産婦はこの綱につかまって陣痛をこらえたが、悪霊祓いのためにこの産室に塩を置いた。

②産家の門口に、古い布地で綯《な》った縄に火をつけ、夕刻から夜じゅう置いた。

③生後六日間は祖父母の古着で新生児をくるんでおく。これを「ブゥトゥクゥ」(懐の意)といい、これは祖父母が新生児を懐に抱いて守るという意味である。

④生後七日目から産着が着せられるが、このとき後ろ襟に悪霊除けの赤布を縫いつける。

⑤外出のときには新生児の額に鍋墨をつける。

⑥新生児の誕生年の干支が両親より前のとき、たとえば両親が寅《とら》年で新生児が丑《うし》年の場合、両親が子供を抱けず守護できないとして、干支が先にある親戚の人が仮の親になる。

また、子が親の生まれ変わりという考え方をつぎのようなことで示している。

①昔は、生後三カ月ごろまでの男児の前頭部からつむじにかけて細長く毛を剃った。これは親の道《エーミチ》といって、祖父の霊が宿りやすくするというものである。

②生後四日以後の吉日に、新生児の名付《ナーリイキ》が根神《ニーガン》によっておこなわれる。あらかじめ申告さ

れた名前を神意によるものという形で承認する。祖父や祖母の名がつけられるが、この名付には「祖父や祖母が、孫に生まれ変わる」という思想がある。

なお、女児は、長じてからイザイホー祭祀を通して「生まれ変わり思想」が具体化される。後に戸籍法ができてからは、この祖父母名は童名《ワラビナー》として戸籍名と区別されることになった。

新生児は神からの授かりものということについて、第六章の「正月」のところで記したように、子供は太陽神から授けられるという考えがある。名付も終わった吉日の朝、〈太陽拝み《ティダウガマシ》〉という儀式がおこなわれる。産婦は腰部を結んだ下袴《ハカン》を頭からかぶり、赤児を抱いて当家の前庭に出る。そこで東側に向かって座し、赤児に太陽を見せる。

新生児誕生を喜ぶ行事にはいろいろあるが、生後一年目の誕生日は、悪霊から守られてぶじ成長した喜びをこめておこなわれる。

なお、久高島では一九六〇年代まで、ハッティと称する伝統的な助産婦（ハッティは専門の意）によってお産がとりあげられていた。産婦は動いたほうがお産が軽いといわれ、出産間際まで働いたが、産後は一カ月位、水を使う仕事が免除された。昔は産婦の死亡率も高かった。

結婚の儀式

久高島の一番初めの結婚は、始祖神のシラタル（兄）とファガナシー（妹）である。兄妹が一緒に生活していたある日、兄が妹に夫婦になろうと迫ったが、妹は兄妹だからだめだと木につかまって拒んだ。ところが、兄は妹を木の根っこごと引き抜いて妻にしてしまった。木を根っこごと引き抜いたことから、以後結婚のことを「根引き《ニービチ》」といったと結婚の由来が伝承されている。また兄のシラタルは鳥が交尾するのを見て、男女の交合を知ったといわれている。

では一般のシマ人の結婚はどのようなものであっただろうか。

久高島には若い男女の共同野遊び《モーアシビ》の習俗はない。年頃の男女はたとえ隣近所でも口をきかなかったし、女同士でも結婚の話はせず、異性としての男性を話題にすることもなかった。戦前までは、男子が十五歳位になると、男側の親が嫁選びをする。そのとき、息子の意向を聞くなどはしない。嫁候補の両親に伝えるだけで、とくに儀式はない。娘の親も本人の意向を聞かずに決めてしまう。つまり、結婚の相手は親が勝手に決めていた。

親同士の話が成立すると、結び酒《ムスビダキ》という結納がおこなわれる。日はとくに決まっておらず、結婚数日前、数カ月前で、一年前になる場合もある。結納の後、両家で相談して結婚の日取りを選び、根神《ニーガン》に決めてもらう形をとる。

男側では婚姻の儀式をおこなう三名を選ぶ。根引き人《ニービキンチュ》、仲立人《ナカラチンチュ》、伴《トウム》である。根引き人は女側の親戚の中から女性を選び、花嫁の付き添い役にする。仲立人は伯叔父《おじ》で、仲人のことである。お伴《とも》は男側の親戚の中から小学生以下の男児が選ばれる。

結婚式前に婿の友人、嫁の親戚たちが共同で追い込み漁をする。これはお祝いのご馳走もすべて自給していたということで、七〇年代頃までおこなわれていた。この追い込み漁は、友人、親戚の絆を強くすることにもなった。婿の婚礼衣装の着物は嫁方で準備する。婿の方からは嫁方に米一俵、酒三升が婚礼三日前に届けられる。

婚礼当日夕刻、婿方から根引き人《ニービキンチュ》、仲立人《ナカラチンチュ》、伴《トウム》が嫁の家を訪問、嫁の両親と盃の儀式をおこない、根引き人を残して早々に去る。三日前から実家を出て友人宅にいた根引き女《ニービキアンマー》（嫁）は支度をするが、内衣は白の胴衣《ルジン》、下袴《ハカン》、外衣は紺地の着物を帯なしで、ウシンチー（上からパンツにたくしこんでとめる伝統の着方）で着る。髪は結い上げ簪《かんざし》を挿すと、顔をかくすように芭蕉布の着物を頭からかぶる。草履履きで、十名以上の友達にがっちり囲まれて嫁は生家に行く。必ず台所から入ることになっている。

台所では木臼を逆さにして土を盛り、松の木を燃やしている。友達に囲まれたまま一番座に入ると、両親、親戚の人、根引き人が待っている。嫁は着物をかぶって立ったままである。やがて父親が酒盃を持って立ち、「今日からは〇〇家の嫁として子供をたくさん産みなさい」といって酒を娘の着物にかける。これで実家での儀式は終わり、根引き人の先導で友達に囲まれた嫁は一番座側から家を出る。

当日婿方のほうでは、嫁が来訪するころには、両親、仲立人、伴、親戚の人たちが一番座にそろっている。嫁は友達に囲まれたまま、一番座側から婿の母親に迎えられて入るが、友達とともに裏座に入り座す。婿家の台所でも木臼を逆さにし、盛土に松の木を燃やしている。嫁が裏座に入ると新郎が友人に伴われて一番座に登場する。そこで根引き人が持参した着物を婿に着せる。帯は後ろ腰に一回結びにしてひねってさしこむのである。

両親は床を背にし、仲立人、伴、根引き人と対座している。婿はその対座に向かって座す。婿はまず水椀を両手で取りこれを飲むと、裏座にいる嫁にも飲ませる。これで、水盃が交わされ、夫婦の契りが結ばれたことになる。

婿はその後、茅《かや》の箸でおにぎりをつまみ「アネーヒャー」(そら、でかしたぞ)と大声で言ってこれを食べる。この儀式は喜びの表現がストレートに出て笑いのうちにすすめられる。これで婚姻の儀式は終わり、嫁は友達に囲まれて今度は台所から出て、婿側があらかじめ決めてあった近所の家に移り、そのままそこにいる。婿方は祝宴になる。その翌日の夜、両家それぞれで後祝いがある。

逃げる花嫁

後宴の翌日、嫁は婿家がまだ寝ている早朝、近所の家から来て水汲みをしたり、お祝いの後片づけをしたりして働き、婿家が起きる時刻になると実家に帰り、実家で食事をする。なお、後宴の後は近所の家に泊まることが許されない。もちろん実家にも泊まることができず、嫁は夜になると寝場所を求めて逃げまわることになる。

昼は婿方の畑の手伝いをし、夕食の準備の手伝いまではして夕食はとらず、こっそり婿方を抜け出して、婿が探せそうもない友達の家とか、男が入れないフボー御嶽《ウタキ》にもよく隠れた。昼のうちに友達の中でも口の固い者にあらかじめ当夜の隠れ場所を打ち合わせておくと、友達が食べ物や寝具などを運んでくれる。婿は友達数人と連れだって、嫁探しを毎夜おこなうのである。婿達の家探しにはどこの家も応じていた。

昭和の初めのころ、ムラで協議し、嫁が逃げる期間を五日に定めた。それ以後は五日内で嫁は婿につかまった。昔は一カ月でも二カ月でも、一番長い人は一年も逃げた例がある。あまり長く逃げつづけて婿が出漁してしまい、破談になった例もある。

婿は嫁を探し当てると有無を言わさず力ずくでつかまえ、抱きかかえたり担いだりして二人の寝室である裏座に入れる。また婿一人で連れてこれない場合は友人たちも手伝う。つかまえられた嫁の中には大声で騒ぐ者もいたらしいが、裏座に入れられると嫁は観念する。

つかまえられた夜から嫁は婿と寝ることになるが、いきなり二人で寝るというのではなく、婿の姉妹が嫁と婿のあいだに添い寝する。二、三日ぐらいして添い寝役の女性はこっそり抜け出し、二人きりにする。

このような結婚の伝統は戦前までつづいていた。離婚も多く、出ていく嫁には一五〇坪分の芋をあげた。好きになれない場合、男は出漁先で旅妻をさがし、女は実家に帰った。離婚してもまわりからとやかくいわれないということであった。

しかし、なぜ花嫁は逃げるのであろうか。創世の神話の結婚の由来「根引き《ニービチ》」からきた形式なのかもしれない。体験をもつ人に理由を聞いたが、戦前には性教育がなく、まわりの誰もおしえないので、交合に対する不安と恐怖で逃げたという。あるいは、逃げる追うという行動は結婚の意志を確かめることだったのかもしれない。

ニラーハラーへの旅立ち

久高の人々は、人が死ぬのは死霊の仕業と考えている。死霊は黒い犬の姿をしており、死者を葬所に送った後も居残り、死者を洗った水を飲むといわれている。死後四十九日目にこの死霊を追い払う行事がティンユタによっておこなわれる。この日、ムラの各家では門にカマドの灰を敷いておく。これは死霊の侵入を防ぐためと、もし入ったら足跡が灰につくことを考えてである。入ったことがわかった家ではお祓いがおこなわれる。

人は干潮時に死ぬ、また、当人または家族のだれかの生まれた干支《えと》の年に死ぬといわれている。死者が出たら、ムラの各家では門口に竹竿を横にして置く。

葬式の準備はつぎのようにおこなわれる。

まず死者を二番座（下座）で水浴させる。死者にはできるだけ新しい着物を着せる。着物は左前にして襟に針七本を刺す。手は胸元で組み、ひざは曲げ、頭は西向きである。死んだ時刻によって葬式は当日か翌日かになる。翌日のときは、死者を近親の者が囲んで通夜をする。

死者が出ると口伝えで知らされ、村中の人が出て準備をする。大工の経験者は棺箱や祭具をつくる。準備が整うと棺にゴザを敷き、枕を置いて死者を入れ、白衣をかぶせる。この白衣はその日に親戚の者がつくる。襟も付けない簡単なものである。死者にかぶせるときは裏返し、上下も逆さまにする。棺は昔、シュロ縄でしばったが、近年では針金を使う。

出棺のとき、棺は死者の足の方を先にして庭に出す。庭にはアカウマー（赤い馬の意。ムラの備品である）という棺を載せる駕籠《かご》のようなものが、親戚の中から選ばれたアカウマー担ぎの七名の男たちによって用意されている。棺をアカウマーに納めると、男たちは東に向かって横一列に並び、「〇〇年生まれの者が亡くなりました」と唱えて合掌礼拝する。

また、死者の近親の者がススキを束ねたものでアカウマーを叩きながら、「あなたの葬儀のために米〇〇俵、酒〇〇升を使ったよ」と唱える。出棺は干潮がよいが、実際は準備なども考え合わせて決められる。

葬列の順序は、根人《ニーチュ》、ソールイガナシー、男性神職者、ティンゲー持ち（親戚の男）、旗持ち五名（親戚の七歳から十二、三歳の男児）、大主《ウプシュ》たちのあとにアカウマー、さらにノロ、根神《ニーガン》、ウメーギ、ムトゥ神、神女たち、一般の人とつづく。ティンゲーとは竜頭のようなものを棒の先に付けたもの、旗は白紙で作ったものである。鳴り物などもなく葬列は静かに行く。葬列の通る道は決まっている。

集落のはずれまで来ると、葬列はとまる。アカウマーは降ろされ、死者の足が東向きになるように置かれる。そこでアカウマー担ぎの男たちがアカウマーの後方に同じく東に向かって座し、「○○年生まれの者が亡くなりました。ニラーハラーの神様、受け取ってください」と唱え、合掌礼拝する。ほかの参列者もこれに合わせる。この場面は、久高人が、あの世が東方の海の彼方であること、死者はその始原の地へ還っていくと信じていることを表現している。

やがて葬所《グウソー》に向かうが、葬所までは根人以下男性神職者と死者の近親者だけが行く。葬所に行かない人たちは集落のはずれで死者に「守る神になってください」と合掌して帰る。

棺を置く場所は、昔からの言い伝えで家によっておよそ場所が決まっていたが、特別に区画や標識はなかった。葬所まできた者は岩間や岩下に棺の頭部を北にして置き、「守る神になってください」といって合掌し、葬所を立ち去るが、近くの井泉《カー》で禊《みそぎ》をして、後をふりむかずに帰っていく。

葬儀の日の夜、親戚の者五名で葬列が通った道を鳴り物や弓、石、塩水でお祓いをする。また、葬儀後昼間のうち、死者が使っていた敷物、着物を親戚の人が禊《みそぎ》用井泉であるミガーで洗う。そうして七日ごとにおこなわれる焼香儀礼の最後の四十九日目には儀礼用の祭具もすべて片づけて、ティンユタによって死霊祓いがおこなわれるわけである。

風葬時代には、葬儀の翌日、近親の女性二人で棺を開け、死者を見た。これは、死者の生きかえりを期待しておこなわれた。その後は四十九日までは死者の近親者が毎日朝夕二回、お茶を持って葬所参りをする。しかし、その後は葬所参りをしない。戦後になってムラで協議をして、盆の七夕には葬所、すなわち墓参りをするようにもなった。

そのほか、寅年の旧暦十月二十日に村中いっせいにおこなう洗骨《シンクウチ》という風習がある。死者に近い親戚が男女で出ておこなわれる。死後日数がたってなく完全に腐蝕していない死者は次回となるが、ミガーの水で骨を洗い陶製の容器に入れ、今日では墓に納める。風葬の時代には岩間や岩下にそのまま置いた。

洗骨は、魂が去った後の処理のようなもので、骨を拝むことは最近までなかった。またおそらく洗骨も近世のことで、一番古い葬所（フボー御嶽そばのウティキン）の遺骨の状態を見ても、昔は放置したままだったと考えられる。

終章——崩れゆく母たちの神

外間ノロ・ウメーギの西銘シズさん（〈フバワク〉1975）

ある神女の死

外間《フカマ》ノロ以下久高島の全神女たちが白衣を羽織り、髪には白い花を挿《さ》し、庭《ミャ》に正座をして頭を垂れ、白装束に白ハチマキ姿《シルサージ》のまるで眠っているような安らかな死に顔で座敷に横たわっている西銘シズさんに対して、葬送歌を歌っている。ノロ、神女たちの肩がゆれ、腹の底からしぼりだすような涙の歌声。それは聞く者の胸を打つ、悲しく荘厳な響きであった。——

これは一九八九年四月二十一日、外間ノロのウメーギをつとめていた西銘シズさんの葬儀の場面である。

シズさんは四年ほど前から沖縄本島の病院に入院していたが、四月二十日の朝亡くなった。最期は久高島の神人《カミンチュ》らしく、久高島でおこなわれている〈マッティ〉という大きな祭祀の日、担当医も驚くほどの気力で危篤状態を乗り越え、祭祀の終了後に息をひきとった。もし、祭祀の最中に亡くなると、クニガミとしての正式の葬儀はできず、火葬にしてからさらに葬儀の日をのばさなければならないところだった。

その日の朝、船で久高島に亡骸《なきがら》をお連れし、通夜を経て翌日の午後、葬儀となったのであるが、通夜の晩は雷鳴とどろき、屋根を鳴らす大雨となった。私もシズさんの亡骸の側で、母親以来二度目の通夜を過ごした。

クニガミの一人であったシズさんの葬儀は葬送歌も歌われる特別なものであった。葬儀の当日の朝、五十歳から七十歳の男性である大主《ウフシュ》たちによって作られた船《フン》と呼ばれる木棺に納められ、さらにアカウマーという葬具に納められた亡骸は葬所《グウソー》に運ばれる。シズさんの出棺のときには雨もあがり、太陽も出て、真夏のようなうだる暑さになった。

竜宮神《リューグウシン》を司る男性神職者ソールイガナシーに先導されたシズさんの葬送行列がムラの中を行く。白衣に正装したシズさんの主神である外間ノロと神女たち、そうしてムラ人たちが肩を落とし、足どりも重く従っている。鳴り物などいっさいなく、葬列は静かに進む。

トゥグゥ道という葬儀の道を過ぎると、ムラはずれである。しばらく行くと十字路になっているが、ここまでくるとアカウマーをおろし、アカウマー担ぎの七名の男たちがその場で東方に向かって正座し、合掌する。全参列者も東方に向かいこれに和す。

シズさんが生前、私に「久高人《クダカンチュ》は死ぬと海の彼方にあるニラーハラーに行く」と話していたが、この場面は、「〇〇年生まれの者がこれから行きます」という報告をするところである。数分でこの報告を終わると、葬列は久高島の葬所に向かう。

葬所である新葬所《ミーグウソー》の入り口まで来ると、ティンゲー持ち、旗持ち、アカウマー、それに親戚の人たちが墓に進む。ほかの参列者は立ち止まってアカウマーを合掌して見送ると解散し、ミガーで禊《みそぎ》をして帰宅した。

シズさんの墓は死後すぐに、島の人々の共同作業によって、西の海が見えるアダンの葉蔭に造られた。墓に納める前にもう一度お棺が開けられ、近親者との最後の別れがあった。私もそれに立ち会った。

久高島における墓は肉体を消滅させるための場所である。そのとき魂《マブイ》は煙《ヒブイ》となって飛翔し、ニラーハラーへ行くのである。そうしてイザイホーを経験した神女《タマガエー》たちは、ふたたび島の守護神としてシマの御嶽《ウタキ》に還ることになる。シズさんは生前、久高島の祭祀のリーダーとして、シマのために、人生のほとんどを捧げてきた。きっと早いうちにあの世ニラーハラーからシマの御嶽に帰り、今度は直接の守護神として島を守ってくれることと思う。そう自分に言い聞かせて、シズさんと最後の別れをした。

神女としての生涯

西銘シズさんは、知る人ぞ知る、有名な久高島の神人《カミンチュ》で、シズさんから久高島の祭祀をはじめとするその文化の教えを受けた人は戦前、戦後を通して相当の数にのぼる。私も一九七五年以来、その一人であった。琉球弧の文化、日本の文化を知るうえでその学恩は計り知れないと思うのは私ばかりではないだろう。

久高島は神々の島としてあまりにも有名で、首里王府時代は琉球開闢《かいびやく》の聖地と考えられ、王や聞得大君《きこえおおぎみ》の参詣がおこなわれた。この聖地としての誇りは、首里王府が崩壊して久しいにもかかわらず、その当時の祭祀を連綿と息づかせてきた。それは、祭祀を支えているものが王府から押しつけられた世界観ではなく、久高島自身の世界観であったからであろう。ノロを頂点とする祭祀神職者の就任儀礼イザイホーも一九七八年までおこなっていた。

琉球弧全体の祭祀の崩壊のきざしを大まかに見ると、まず首里王府の崩壊のとき、廃藩置県後ヤマト世になったとき、それに戦争に向かって琉球弧がまきこまれていった戦前、そして戦争後ということになる。戦争で人々が亡くなり、集落も祭場も壊され、生産体系も多くのところで農業から軍作業などに変わっていったため、祭祀も大幅になくなっていった。そんな中にあって、久高島は戦後の混乱期をのり越え、四、五百年以上も前からの古琉球の祭祀を今に伝えているのである。その継承者こそ西銘シズさんであったといっても過言ではないであろう。

シズさんは明治三十九年（一九〇六年）、久高島で生まれ、久高尋常高等小学校を卒業、そのまま島で暮らしていた。体が弱くていつも病気がちであったが、二十四歳のとき、外間《フカマ》ノロたちにすすめられて外間ノロの補佐役であるウメーギを引き受けることになった。神職に就任してからは体が丈夫になった、とシズさんはいっている。

就任したてのころは恥ずかしい気持ちもあったという。ところがある日、外間ノロに呼ばれ、「あなたは学校教育を受け、読み書きもできるので、久高島の祭祀をしっかり覚え、聞きにくる人に正しく教えなさい」といわれた。シズさんはその諭しに目ざめ、以来、熱心に神職をつとめるようになり、羞恥心がなくなったという。

シズさんを諭した先代の外間《フカマ》ノロは、外間ノロ系統十代目。現外間ノロの内間カメさんの姑で、二十五歳のときにノロに就任し、九十三歳でなくなったが、八十三歳まで御嶽《ウタキ》参りをし、頭脳明晰で、威厳があり、シマ人から絶大な尊敬を受けていたという。在位は明治二十二、三年（一八八九、九〇年）頃から昭和三十四年（一九五九年）頃までの六十数年である。つまり、廃藩置県直後にノロに就任し、第二次世界大戦後までつとめている。その期間は明治、大正、昭和にわたり、歴史的にも激動期であった。

久高島には外間ノロのほかに久高ノロがいるが、外間ノロは公事《クウジ》ノロといわれ、シマレベルの祭祀の最高司祭者である。シズさんはこの最高司祭者のウメーギとして、常に行動をともにする立場にあった。そこでシズさんは久高島のすべての祭祀のプロセスはもちろん、祝詞《ムチメー》、神歌《ティルル》などを体得したのである。現外間ノロは、シズさんからみれば二代目の主神で、就任時はシズさんから指導を受けている。

十二年ごとの午年《うま》におこなわれるイザイホーも、シズさんは生涯で五回体験しており、先代ノロ没後は、イザイホーの実質的なリーダーをつとめた。イザイホーに歌われるたくさんの神歌をすべて覚えており、私も、シズさんの生涯で最後のイザイホーとなった一九七八年のイザイホーに立ち会ったが、それこそ祭列の先頭に立ち、そのリードぶりは見事なものであった。久高島はシマレベルの祭りが年間二十七回ある（竜宮マッティは該当しない）が、供え物ひとつに至るまで完全な形で残ったのは、シズさんのおかげであるといってよいと思う。このことは、シズさんの亡き後、久高島の祭祀に不確かさが生じているということでもわかるのである。結局、西銘シズというリーダーを失ったため、一九九〇年のイザイホーは中止になってしまった。

こうしてみると、西銘シズさんの死は、琉球弧の女たちが何百年にもわたって連綿と伝承してきた、「精神の古層」ともいえる、動かない文化の最後の拠り所が、崩れていく予兆であったのかもしれない。

とまれ、久高島の年中行事は、祭祀のプロセスが部分的に省略されてはいるが、今日でも毎月、欠かすことなくつづけられている。このような久高島の祭祀の状況は、たとえるならば、ところどころ枝が枯れてはいるがまだ根っこが大地に生えている古木の状態にある。私はこの古木の女性主体の精神文化をこれからも、男性主導の近代文明を考えるよすがにするために、見つづけていきたいと思っている。

あとがき

琉球弧の島々では、年中行事としておこなわれる祭祀を通して、島の歴史、島人の宇宙観、死生観などが再現され、島独自の思想、文化が継承されていった。文書化されたものとしてではなく、語り継ぐという形でもなく、祭祀そのものの中で島人の精神の拠《よ》り所が連綿と確かめられてきたのである。私はこのことに注目して、一九七四年以来今日まで二十五年余、琉球弧に残る古い祭祀を見聞し、その多層なありようをカメラとペンで記録してきた。

まず、宮古島の狩俣に一九七四年から二年ほど通い、中断した後、九四年十二月から九五年十二月の一年間、宮古島に住んで狩俣を中心に宮古島全体の祭祀を見た。また、沖縄群島の北部やその離島、奄美群島、八重山群島の主な祭祀はほとんど見てきた。本書の久高島は七五年から八五年の十年余にわたり集中的に見ている。久高島ではシマレベルの祭祀が年に二十七回あるが、多い祭祀で七、八回は見ている。

その久高通いを始めて二年目であったか、西銘《にしめ》シズさんがあらたまって外間《ふかま》ノロさんからの伝言であると前置きして、「あなたのように熱心にシマに通ってくる人はいなかった。久高島の祭祀も私たちの代で終わるかもしれないのでしっかり記録してほしい」といったことがある。つまり正式の祭祀取材の許可が出たのである。その前までは拒否はされなかったが、歓迎されているというふうでもなかった。それから後は、祭祀を見て写真を撮ることは空気のように自然になった。

カメラを向けてもなんのてらいもなくごく普通に応じてくれ、また質問に対してもていねいに答えてくれた。それは私にとってはありがたいことであり、またノロさんはじめ神職者たちのあたたかいその態度は、私が島通いをつづけていくはげみになったのも確かである。

私の島通いは学術論文を書くとか、雑誌などマスコミに発表するとかではなく、島が発する不思議なオーラにひきつけられたというか、ここには〈文化の原形〉、〈人間とは何か〉、それに自分自身を考えるようすがあると直感的に思ったからである。だから、写真家とか記録者とかということではなく、一人の人間としてシマ人にむきあった。

実際には、写真を撮り、録音をし、ノートをとり、話を聞いた。写真を撮るときには私のこれまでの撮り方をつづけた。祭祀のプロセスの記録というものではなく、祭祀の雰囲気や人々が発する生命の輝きのようなものに触発されて自然にシャッターを切るということを心がけた。

報道されて大勢の外来の見物人がおしかけた、十二年に一度の大祭イザイホーや二、三の比較的大きい祭祀のほかは、いつも私は一人で祭祀にたちあった。風や光の中で神女たちの神歌や振るまいが意味するものを全身で受け止めて立ち会えたことは、幸福な体験であったといわねばならない。

ここであらためて、外間ノロさん、故久高《くだか》ノロさんはじめ神職者の皆さん、それに島の人たち、そうして私を息子のように遇してくれた故西銘シズさんに心から感謝いたします。ありがとうございました。

この新書では、四半世紀に及ぶシマ通いの成果をこめて、沖縄の精神文化の祖型が何たるかをできるだけわかりやすく、書いたつもりです。その意図が、神女たちのティルルが聞こえてくるように、読者に伝われば幸いです。

一冊の本ができるのは多くの人との出会いがあったからこそであるとつくづく思います。出版を勧めてくれた船曳由美さんは一九七八年のイザイホーのときから二十余年の知己であり、そのときにはイザイホーの写真集（『神々の島 沖縄久高島のまつり』）を作ってくれました。今回私の仕事の一番の理解者で、的確なアドバイスをしてくれ、もし本書にふくらみのようなものがあるとしたらそれは船曳さんのおかげです。それから久高島のことや島言葉を学習され、編集に協力してくれた笠松敦子さん、ありがとうございました。最後になりましたが、私の仕事に共感していただき本書の出版を引き受けて下さった集英社新書編集部にも感謝いたします。

二〇〇〇年早春　　著者

比嘉康雄（ひが やすお）
一九三八年フィリピン生まれ。敗戦後沖縄に引き揚げる。嘉手納警察署に十年勤務後、米軍機墜落事故を転機に退職。東京写真専門学校に学ぶかたわら写真活動に入る。『おんな・神・まつり』で太陽賞、『神々の古層』（ニライ社）で小泉八雲賞、風土研究賞、日本写真協会年度賞を受賞。他の著作に『神々の原郷 久高島』（第一書房）、『神々の島』（共著・谷川健一 平凡社）など。

集英社新書〇〇三四D

日本人《にほんじん》の魂《たましい》の原郷《げんきょう》 沖縄久高島《おきなわくだかじま》

二〇〇〇年五月二二日 第一刷発行
二〇二四年六月 八 日 第一三刷発行

著者……比嘉康雄《ひがやすお》
発行者……樋口尚也
発行所……株式会社集英社
東京都千代田区一ツ橋二-五-一〇 郵便番号一〇一-八〇五〇
電話 〇三-三二三〇-六三九一（編集部）
〇三-三二三〇-六〇八〇（読者係）
〇三-三二三〇-六三九三（販売部）書店専用

装幀……原 研哉
印刷所……大日本印刷株式会社 TOPPAN株式会社
製本所……加藤製本株式会社

定価はカバーに表示してあります。

ISBN 978-4-08-720034-8 C0239
Printed in Japan

a pilot of wisdom